Klaus Schürmann
Suzanne Mullins

# Die perfekte Bewerbungsmappe auf Englisch

Anschreiben, Lebenslauf
und Bewerbungsformular –
länderspezifische Tipps

**Die Autoren**

**Klaus Schürmann**, Jahrgang 1966, ist Diplom-Kaufmann und hat selbst lange im englischsprachigen Ausland gearbeitet. Er war mehrere Jahre Inhaber von EuroXchange, einer internationalen Hamburger Arbeitsvermittlung und arbeitet seit 1999 als Unternehmensberater.

**Suzanne Mullins**, Jahrgang 1966, Medienwissenschaftlerin, lebt seit 1986 in London. In ihrer langjährigen Tätigkeit für englische Arbeitsvermittlungsagenturen erstellte sie zahlreiche Bewerbungsunterlagen für deutschsprachige Arbeitsuchende im anglo-amerikanischen Sprachraum.

Die Autoren danken allen Bewerbern, die freundlicherweise ihre Unterlagen für diese Mappe zur Verfügung gestellt haben.

Die Deutsche Bibliothek – CIP-Einheitsaufnahme

Schürmann, Klaus:
Die perfekte Bewerbungsmappe auf Englisch: Anschreiben, Lebenslauf und Bewerbungsformular - länderspezifische Tipps /
Klaus Schürmann ; Suzanne Mullins. -
Frankfurt : Eichborn, 2001
ISBN 3-8218-1570-1

© Eichborn AG, Frankfurt am Main, Oktober 2001
Lektorat: Ann-Kathrin Schwarz
Umschlaggestaltung: Christina Hucke
Innengestaltung: Oliver Schmitt, Mainz
Gesamtproduktion: Fuldaer Verlagsagentur, Fulda
ISBN 3-8218-1570-1

Verlagsverzeichnis schickt gern:
Eichborn Verlag, Kaiserstraße 66, D-60329 Frankfurt/Main
www.eichborn.de

# Inhalt

**Perfekte Bewerbungsunterlagen
auf Englisch** .............................. 5

**Kommentierte Beispiele** .................. 7

- Uwe Wilkes, Sozialarbeit/Praktikum ........... 7
  Britische Initiativbewerbung
  mit Verbesserungspotenzial
- Regina Davenport, Marketing/Praktikum ....... 11
  Amerikanische Initiativbewerbung –
  die Übersichtliche
- Gudrun Reuter, Fotografie/College ........... 15
  application form – Bewerbungsformular für einen
  Master of Art bei einem College
- Sabine Schulz, Sekretariat .................. 21
  Anzeige in der New York Times –
  vorher/nachher. Get that job!
- Annette Meyer, Tischlerei/Schreinerei ........ 29
  Fokussiert, aber mit Formfehlern
- Luise Wörtmann, Übersetzung ............... 32
  Beeindruckender amerikanischer Resume
- Stefanie Hartung, Architektur ............... 35
  Britischer *Chronological CV*
- Jens Vogelsang, Marketing .................. 40
  Britischer Lebenslauf mit *Skills Summary*
- Klaus Maruzky, Hotelgewerbe ............... 47
  Überzeugender amerikanischer
  *Functional Resume*
- Helmut Gorny, SAP/ERP-Beratung ............ 51
  Amerikanisch – Fokus auf das Wesentliche
- Carsten Goldbach, Website Management ...... 54
  Berufswechsler mit besonderem Layout
  (amerikanische Bewerbungsmappe)
- Hartmut Klinge, IT-Support .................. 60
  Bewerbung bei einem Arbeitsvermittler
- Johannes Grau, Programmierung ............ 64
  *compliment slip* – *scannable resume* I
- Antje Karst, Programmierung ................ 69
  Per E-Mail – *scannable resume* II
- Frederik Goldmann, Design Management ...... 73
  *application form* – darauf trifft man
  immer wieder
- Martin Czubny, Bauingenieurwesen ........... 86
  Zahlen sagen mehr als tausend Worte
- Heike Radner, Grafik-Design ................. 91
  Wenn Kreativität zählt ...
- Dr. Thorsten Garmann, Rechtspflege .......... 94
  Britisch, umfassend und gefaxt
- Petra Kreimeier, Pflege ..................... 99
  Online-Bewerbung (*application form* und CV)

**Wie bewerbe ich mich um
meinen Traumjob?** ...................... 103

- Die perfekten Bewerbungsunterlagen ........ 103
- Papier und Schriftwahl .................... 104
- Sich im rechten Licht darstellen ............ 105
- Abschlüsse und Berufsbezeichnungen ........ 105
- Schulabschlüsse .......................... 105
- Studienabschlüsse ........................ 106
- Lehre, Ausbildung und Berufsbezeichnungen ... 106

**Der Lebenslauf: Curriculum Vitae (CV)
oder Resume** .......................... 108

- Formales und Inhaltliches ................. 109
- Eigene Adresse .......................... 109
- Gewichtung ............................. 109
- Fotos, Unterschrift, Datumsangabe
  und Zeugnisse .......................... 110
- Die Gliederungspunkte des Lebenslaufes ...... 110
- Chronologischer versus funktioneller
  Aufbau des Lebenslaufes ................. 112

**Das Anschreiben: Covering Letter oder Cover Letter** ........................ 114

- Die eigene Adresse ....................... 115
- Das Datum ............................. 115
- Adressat des Anschreibens ................ 115
- Die Anrede ............................. 115
- Die Betreffzeile ......................... 115
- Der Bewerbungstext ..................... 116
- Die Verabschiedung ..................... 116
- Anlagen ................................ 116

**Das Verschicken der Unterlagen** .......... 117

- Per Post ............................... 117
- Per E-Mail ............................. 117
- Per Fax ................................ 118

**Nachhaken und präsent bleiben** ......... 119

**Wichtige Adressen und weiterführende Literatur** ................................ 120

# Perfekte Bewerbungsunterlagen auf Englisch

Sie haben sich zu einem weit reichenden Schritt entschlossen: ins Ausland zu gehen. Sie wollen ein Praktikum in Singapur, Hong-kong oder Neu Delhi machen? Karriere in den USA oder einen Doktor (PhD) in Großbritannien? Einfach eine Zeit lang im englischsprachigen Ausland leben? Da stehen Sie nun mit Ihrem Ziel und dürfen sich bewerben. Auf Englisch! Darüber hinaus ist klar, dass bei zunehmender Konkurrenz auf dem Arbeitsmarkt nur ausgezeichnete und besonders beeindruckende Bewerbungsunterlagen Ihnen die Tür zu einem Vorstellungsgespräch und damit für den Traumjob öffnen werden. Möglich, dass Sie in einem Interview mit Ihrem persönlichen Auftreten so überzeugen können, dass es zu einer Einstellung kommt, aber in 99 Prozent aller Fälle gibt es ohne hervorragende Unterlagen kein Vorstellungsgespräch.

Um das Erstellen von optimalen Bewerbungsunterlagen geht es in diesem Ratgeber. Nach unseren Erfahrungen tauchen bei der eigenen Präsentation auf dem Papier und in Englisch schnell eine Unmenge von kleineren und größeren Problemen auf, die informativer, sprachlicher oder auch formaler Art sein können. Die Bewerbung auf Englisch, das werden Sie sehen, sieht etwas anders aus als im deutschsprachigen Raum.

Also, wie erstellen Sie Ihre optimale Bewerbung?

Anhand einer Auswahl von umfassend kommentierten Originalbewerbungen verdeutlichen wir in dieser Mappe den Aufbau von optimalen Bewerbungsunterlagen. Einige der vorliegenden Bewerbungen eignen sich auch als Vorlage, um sich daran zu orientieren und auf dieser Basis eigene und aussagekräftige Unterlagen zu erstellen. Die Vorlagen und Vorschläge werden aber auch Ihre Kreativität im Hinblick auf die Selbstdarstellung anregen. Im zweiten Teil des Buches gehen wir auf wichtige formale und inhaltliche Bestandteile englischer Bewerbungen ein. Hier finden Sie eine Vielzahl praktischer Tipps wie Sie Ihre Bewerbung optimal vorbereiten und gestalten. Außerdem enthält der zweite Teil ausführliche Erklärungen und Erläuterungen zu den einzelnen Elementen einer Bewerbung und kann während des Lesens der Bewerbungskommentare zur Vertiefung hinzu gezogen werden. Auf dieser Basis werden Sie die perfekten Unterlagen erarbeiten.

Neben dem Verfassen erfolgreicher und gelungener Bewerbungsunterlagen kann vor allen Dingen die Suche nach geeigneten Stellen und Informationen über den ausländischen Arbeitsmarkt große Schwierigkeiten bereiten, und so finden Sie im Anhang dieser Mappe verschiedene Adressen, die Ihnen die Suche erleichtern werden.

Ganz am Anfang schon zwei wichtige Tipps, um dem Scheitern des großen Vorhabens vorzubeugen: Bitte unterschätzen Sie den Faktor Zeit bei einem solchen Projekt nicht. In der Regel braucht man ein halbes Jahr von der anfänglichen Informationssuche bis zum unterschriebenen Arbeitsvertrag. Dann muss man gegebenenfalls noch einige Monate für die Beantragung eines Visums veranschlagen. Der gesamte Prozess kann sich in Einzelfällen aber auch dramatisch verkürzen. So kann es bei einer innereuropäischen Bewerbung sehr viel schneller gehen, da man hier keine Arbeits- und Aufenthaltsgenehmigungen benötigt.

Auch die Motivation ist nicht zu unterschätzen: Oft sinkt sie rapide nach dem ersten oder zweiten Fehlschlag. Geben Sie nicht auf! Lassen Sie sich z.B. durch eventuelle sprachliche Unsicherheiten nicht von Ihrem Projekt abbringen. Sprachprobleme sind, trotz gegenteiliger subjektiver Einschätzungen, nur sehr selten ein wirklicher Grund für eine Ablehnung. Falls man sich unsicher fühlt, hilft meist schon ein vorheriger Sprachaufenthalt. Eine andere Möglichkeit ist, sich auf eine niedrige Einstiegsposition zu bewerben.

Sehr hilfreich bei etwas wackeligen Englischkenntnissen ist die automatische englische Rechtschreibprüfung bei verschiedenen Textverarbeitungsprogrammen, z.B. MS-Word. Dabei kann man auch zwischen den Varianten des Englischen wählen. Auf diese Weise lässt sich sehr einfach ein Großteil (nicht alle!) der anfallenden Rechtschreibfehler vermeiden. Um die Sprache auszuwählen, wählt man die Menüpunkte »Extras«, »Sprache«, »Sprache bestimmen« und klickt dann auf die gewünschte Sprache, z.B. »Englisch (USA)« und auf »Standard«. Die aktivierte Rechtschreibprüfung wird nun das Dokument auf Rechtschreibfehler untersuchen.

Übrigens ist unsere Zielsetzung ganz einfach: Wir möchten, dass Sie den Job bekommen, den Sie haben wollen. An dieser Stelle schon einmal viel Glück und Erfolg für Ihr großes Vorhaben!

# UWE WILKES

SCHARENHOFER STRASSE 9, 48167 MUENSTER, GERMANY, TEL: 0049 2506 1234567, EMAIL: UWEWILKES@HOTMAIL.COM

Ms Lucy Owen
Manager
Stoke House Project
Gresham Avenue
London NW1 8JK

20th February 2001

Dear Ms Owen

At a recent seminar on drug rehabilitation in the social policy unit at Muenster University I met a colleague of yours, Angela Young. She told me about the Stoke House rehabilitation project you are involved in and mentioned that Stoke House use volunteers to work in the project from time to time. I am currently writing my dissertation for my degree in Social Work on 'Long term drug abuse and rehabilitation' and would be very keen to work as a volunteer for the Stoke House Project to gain work experience in a field I am very interested in.

At present I work one night a week at a Helpline for drug users and have also worked for five months as part of the practical part of my course with a mobile needle exchange unit in Berlin. I feel this experience would be beneficial to working in the Stoke House Project, I also have excellent interpersonal skills and can diffuse difficult situations with volatile patients. In place of the compulsory German military service I chose to spend this time working in a psychiatric unit in a hospital doing "Zivildienst".
Here I learnt patience, how to deal with occasionally violent patients and the effects of different types of anti-depressants and other drugs used for the treatment of psychiatric patients. In my conversation with Ms Young she mentioned that there is a high incidence of depression amongst your client group and my experience in the hospital would be very useful for the Stoke House project.

I will call you next week to see if we can discuss my application for work experience further.
I look forward to speaking to you

Yours sincerely

*Uwe Wilkes*

Uwe Wilkes

Enc.

# CURRICULUM VITAE

## PERSONAL DETAILS

| | |
|---|---|
| Name: | Uwe Wilkes |
| Date of birth: | 2/3/73 |
| Address: | Scharenhofer Strasse 9 |
| | 48167 Muenster |
| | Germany |
| Telephone: | 0049 2506 1234567 |
| Email: | uwewilkes@hotmail.com |
| Nationality: | German |

## EDUCATION

**BA Social Work**
Muenster University
September 1996 – August 1999
As an undergraduate I studied theoretical aspects of social work, psychology, sociology, social policy, ethics and law, in the graduate part of the course I specialised in youth and drug work.

**Abitur = A-levels**
Klara Ganzhof Gymnasium
June 1994
Sociology B, German C, Physics C, English B

## WORK EXPERIENCE

**Drug Helpline, Muenster**
June 1999 – present
Working one night a week taking phonecalls from drug users, their relatives and other people wanting information eg. youthworkers, teachers. Occasionally dealing with potentially suicidal callers and anxious or angry parents. Keeping up-to-date with services available for drug users and referring users to both short term medical help and long term rehabilitation projects. Advising on legal position and the law surrounding drug use. Using a Firstpoint Database to find appropriate services.

**Mobile Needle Exchange, Berlin**
September 1998 – December 1998  (Practical work experience as part of my University course)
Working with three permanent team members in a mobile unit that covers three sites throughout Berlin for two hours each. Handing out new needles for drug users and providing safe disposal of used needles. Giving advice on other drug services in Berlin and where possible making referrals by phone. Advising users on safe sex and aids-related illnesses as well as other diseases transferred through needle use. Liaising with managers at the local authority providing the service. Keeping a log book of work and cases throughout the day to establish a relationship with individual users of the service.

**Staedtische Kliniken, Muenster**
October 1994 – March 1996 (Zivildienst = Replacement service instead of the compulsory military service)
Assisting nursing staff in all aspects of patient care on a busy psychiatric unit with both long-term, short-term and day-care patients. Helping staff with violent patients and diffusing difficult situations.

## Zu den Unterlagen von Uwe Wilkes (Sozialarbeit/Praktikum in Großbritannien)

Herr Wilkes leitet sein **Anschreiben** sehr gelungen mit dem auf dem Seminar geführten Gespräch ein. Die Ansprechpartnerin wird direkt mit dem Namen angesprochen, was im angloamerikanischen Raum ungleich wichtiger ist als bei uns. Hierzulande ist es immer noch weit verbreitet, Anschreiben mit »Sehr geehrte Damen und Herren« einzuleiten. Beginnt ein Brief im Englischen mit »Dear Sir or Madam«, entsteht sofort der Eindruck, man hätte sich nicht die Mühe gemacht, den Namen des Ansprechpartners herauszufinden. Dies lässt auf eine geringe Motivation bei der Jobsuche schließen.

Ein Sondierungstelefonat hat im vorliegenden Fall nicht stattgefunden, das ist aber bei dieser Ausgangslage nicht weiter problematisch, da im Schlusssatz ein Telefonat angekündigt wird. In diesem Telefonat können alle offenen Punkte und Details der Bewerbung wie Länge des Praktikums, Aufgabenschwerpunkt, kulturelle Unterschiede, Sprachprobleme, Zuschuss für den Umzug (*relocation*) etc. besprochen werden. Schön ist auch die inhaltliche Einrahmung des Briefes mit der auf dem Seminar kennen gelernten Ms Young.

Gelungen ist außerdem die Erklärung des Wunsches, ein unbezahltes Praktikum machen zu wollen. Die Terminologie für ein Praktikum ist im englischsprachigen Raum uneinheitlich: In den USA wird ein Praktikum *internship position* genannt, in Großbritannien und Irland heißen Praktika *work placement* oder kurz *placements*. In Südafrika und Australien gibt es keine passende Übersetzung für das deutsche Wort »Praktikum«. Mit den Begriffen *internship position* oder *work placement* kommt man hier nicht weiter und bei einer Bewerbung gibt es großen Erklärungsbedarf. Vor allen Dingen sollte darauf hingewiesen werden, dass auf das Unternehmen nur geringe oder gar keine Kosten bei der temporären Beschäftigung zukommen. Trotz eines fehlenden Begriffs ist man aber generell Praktikanten gegenüber sehr aufgeschlossen. Herr Wilkes bewirbt sich als *volunteer*, dies ist eine gute Lösung für den sozialen Bereich. Der Begriff eignet sich aber beispielsweise nicht für ein Praktikum in einer Bank. Er kann jedoch herangezogen werden, um das Anliegen zu verdeutlichen, z. B.:

> »I am writing to ask about the possibility of working for your company on a voluntary basis. My aim is to gain practical work experiences to complement my theoretical studies in …«

Oder aber auch:

> »I am writing to ask about the possibility of an unpaid work placement within your company …«

Ebenfalls gut ist die Einarbeitung der außerstudentischen Aktivitäten und des Zivildienstes. Die Beschreibung der Aufgaben (z. B. Umgang mit Depression), mit denen sich der Kandidat erfolgreich auseinander gesetzt hat, wirkt darüber hinaus sehr kompetent.

Formal ist das Anschreiben unterschiedlich zu bewerten. Es wurde ein eigener Briefkopf entworfen, die Anschrift und das Datum stehen am richtigen Platz. Die Verabschiedung ist formvollendet und erwähnt mit dem Kürzel *Enc.* (*enclosure*) auch den beigelegten CV. Allein die Sätze sind ein wenig zu lang geraten und so wirkt der Brief unübersichtlich. Besser: Arbeiten Sie mit kurzen und aussagekräftigen Sätzen. Als Richtlinie gilt: maximal 20 Wörter pro Satz. Auch sinnvoll eingesetzte Aufzählungszeichen haben sich bewährt.

Der Gesamtumfang des Anschreibens ist für eine Initiativbewerbung akzeptabel. Wenn Herr Wilkes sich hingegen auf eine Stellenanzeige beworben hätte, wäre das Anschreiben definitiv zu lang. Es fällt negativ auf, dass der Flattersatz zu weit nach rechts über den Briefkopf hinaus geht. Dies ist ein Formfehler.

Auch der **Lebenslauf** wirkt durch den weit nach rechts ausladenden Flattersatz von *Work Experience* und *Education* unvorteilhaft.

Weiterhin fällt auf, dass die Angaben zu den theoretischen Grundlagen des Studiums (unter *Education*) unzureichend sind. Es wird ein BA (Bachelor of Art) als Abschluss genannt, ohne darauf hinzuweisen, dass der deutsche Abschluss ein Vordiplom ist. Da Herr Wilkes immer noch studiert und ein entsprechendes Praktikum sucht, um seine theoretischen Kenntnisse mit praktischen Erfahrungen zu bereichern, hätten der Inhalt des Studiums und seine Schwerpunkte stärker herausgearbeitet werden müssen. Mit einem veränderten Aufbau hätte der CV dann immer noch auf einer Seite Platz finden können.

Das Gleichheitszeichen Abitur = A-levels ist nicht unproblematisch, besser wäre es zu schreiben: »A-levels (Abitur)« oder »Abitur equivalent to A-levels«.

Ausführlich beschreibt Herr Wilkes die Aufgaben, die er während seiner Zeit bei der Drug Helpline Mobile Needle Exchange (Zivildienst) hatte. Der Text wirkt etwas langatmig. Besser könnte man die inhaltlich gelungene Kernaussage mithilfe von Aufzählungszeichen und Aktionsverben darstellen. Dies würde die Übersichtlichkeit erhöhen und der Leser muss weniger Text aufnehmen. Allerdings wirkt dann der CV sehr viel nüchterner und der Kandidat bekommt ein ganz anderes Image. Eine verbesserte Darstellung könnte beispielsweise so aussehen:

**Drug Helpline Muenster from 1999 – present**
- Operated the telephone hotline at night and on weekends
- Provided help for suicidal drug addicts or their relatives and friends
- Advised drug addicts about services offered by government agencies or charities and supplied information on legal matters

Sicherlich wären darüber hinaus ein paar Angaben zu Hobbys bei der Bewerbung um eine soziale Position angebracht. Die Freizeitbeschäftigung kann Rückschlüsse auf die in dieser Branche so wichtigen »weichen Faktoren« wie Teamgeist, Kommunikationsfähigkeit, Einfühlungs- oder Durchsetzungsvermögen ermöglichen und damit das Bild des Kandidaten abrunden.

Weiterhin fehlen die Angaben konkreter Referenzen.

### Einschätzung

Eine gutes Beispiel für eine Initiativbewerbung im sozialen Bereich. Der Kandidat hat reelle Chancen, die angestrebte Position zu bekommen. Mit ein wenig Aufwand kann die Bewerbung jedoch noch um einiges verbessert werden. Das Augenmerk muss der Übersichtlichkeit und Klarheit gelten. Mit einer in dieser Hinsicht verbesserten Bewerbung kann sich der Kandidat auch später erfolgreich am Arbeitsmarkt gegen Konkurrenten durchsetzen.

# Regina Davenport

Geranienstrasse 7  13249 Berlin
Germany  Tel: +49 30 123456

February 30, 1999

The Training Manager
East-West Financial Services
1234 West Side
San Diego
CA 92126

Dear Sir/Madam:

I recently read on your website that your organization offers a six-month internship program. I am writing to enquire about a possible internship in your marketing department after my graduation in May 1999.

At present I am studying towards an MBA and detailed on my enclosed resume are the subjects I have covered during my degree. I am keen to specialize in marketing and my thesis dealt extensively with the subject of marketing on the internet for financial institutions. In addition to theoretical knowledge, I have hands-on experience gained through an internship with GIMA Euromarketing, a company specializing in marketing and PR for insurance and financial products. During my internship I was involved in the launch of several new domestic insurance products as well as evaluating consumer research and creating a brief for a website consultancy to sell the new products via the internet. This is now proving as successful as through traditional methods.

I am certain the knowledge and ideas I have gained through my research will be of value to your organization and I will call you next week on Wednesday to discuss any queries you may have concerning my application.

I look forward to our conversation.

Sincerely

*Regina Davenport*

Regina Davenport

Enclosure

# Regina Davenport

Geranienstrasse 7  13249 Berlin
Germany   Tel: +49 30 123456

**Career Target:** To obtain an internship within the marketing department of a large financial organisation to enhance my education and experience as a marketing professional

**Education:** *Oct 1993 to present* Study of Business Administration **Berlin University, Germany**
Graduation date: *May 1999* as *Diplom-Kauffrau* (M.B.A.)
*Grade (expected): A*

*Thesis:* The internet as a marketing opportunity for financial institutions
*Grade: A*

*Sept 1995 to July 1996* New York University, USA (scholarship granted by the *DAAD* and the *Education Abroad Program*)
*Grade: GPA 3.422*

*Feb 1995* Vordiplom (Associate degree) *Grade: B*

**Main subjects of study:**

**Marketing** *Grade: not yet available*
Market research, marketing strategies, public relations, product, price, distribution, and communication policy

**Business Calculation and Financing**
*Grade: B*
Cost accounting, calculations of investments, business strategies, controlling

**Managerial Economics and Organization** *Grade: A*
Organizational development, Personnel management

**Economics** *Grade: A*
Micro-economics, macro-economics, foreign trade

**Communication Studies** *Grade: A*
Media analysis

*June 1992* High School Diploma *Grade: B*
*1987 to 1992* Hermann-Hesse-Gymnasium (High school), Hamburg, Germany

**Work Experience:**
*Sep 1997 to Oct 1997* Internship (marketing; public relations) GIMA Euromarketing, Berlin
*July 1994 to Oct 1994* Internship (managerial assistance) Hamer GmbH, Berlin, Germany
*Apr 1993 to Oct 1998* Temporary Promotions Assistant at various trade exhibitions
*Oct 1992 to Mar 1993* Au-Pair, New York, USA

**Languages:** German: native speaker; English: fluent (written and spoken); Spanish: intermediate

**Interests:** Tennis, architecture, current affairs and classical music

## Zu den Unterlagen von Regina Davenport (Marketing/Praktikum in den USA)

Sind Ihnen die länderspezifischen Merkmale dieser Initiativbewerbung aufgefallen? Frau Davenport, die sich in die USA bewirbt, macht hinter »Dear Sir/Madam« einen Doppelpunkt, außerdem verwendet sie die Schreibweise des amerikanischen Englisch, wie z.B. an dem »z« in *organization* deutlich wird.

Der **Cover Letter** fällt mit einem gelungen Layout positiv auf. Es lohnt sich, einen eigenen Briefkopf zu entwerfen. Das Datum und auch die Adresse des angeschriebenen Unternehmens stehen am richtigen Platz. Unglücklicherweise beginnt die Bewerberin ihr Anschreiben mit der unpersönlichen Anrede »Dear Sir/Madam«. Wie schon im ersten Bewerbungsbeispiel hat auch hier kein persönliches Sondierungstelefonat stattgefunden. Anders als im ersten Fall wird jedoch in dem vorliegenden Anschreiben niemand direkt angesprochen. Was macht es für einen Eindruck, wenn man auf der Homepage eines Unternehmens von einer freien Stelle liest und dann noch nicht einmal anruft, um zu fragen, ob diese schon besetzt ist? Oder sich nicht zu erkundigen, wer für die Bearbeitung der Bewerbung, wer für die Vergabe des Platzes/der Plätze zuständig ist? Welche einzelnen Schwerpunkte das Programm bietet? Gerade im angloamerikanischen Raum, in dem Menschen wesentlich aufgeschlossener auf andere Menschen zugehen, wirkt eine solche Bewerbung unmotiviert. Hier kommt dem ersten persönlichen Kontakt eine tragende Rolle zu: Durch dieses Telefonat gelangt man an entscheidende Informationen und hinterlässt auch gleichzeitig einen positiven ersten Eindruck von sich. Insbesondere bei Initiativbewerbungen kommt dem Sondierungsgespräch eine Schlüsselfunktion zu. Nur hier kann erfragt werden, ob im Unternehmen freie Stellen existieren, Interesse an Praktikanten besteht und welche Qualifikationen gesucht werden. Das Verschicken von reinen Blindbewerbungen, ohne sich nach einem Ansprechpartner erkundigt und ohne zuvor erste Informationen eingeholt zu haben, ist im gesamten angloamerikanischen Raum weniger üblich und die Erfolgsquoten sind miserabel. Die Telefonkosten, die ein solches Gespräch verursacht, sind heutzutage überschaubar geworden – alleine der innere Schweinehund ist zu überwinden und vielleicht ist das Englisch vorher ein wenig zu entrosten.

Bei einer Initiativbewerbung, bei der ein erster Kontakt ohne Ansprechpartner hergestellt wird, kommt es darauf an, zu der entscheidenden Person durchgestellt zu werden (so genannte *cold calls*). Oft haben die Personaler sehr wenig Zeit und die Sekretärinnen sind angewiesen, unangemeldete Anrufer abzuwimmeln. Um also dennoch das gesteckte Ziel zu erreichen, sollte Ihr Auftritt möglichst charmant und geduldig sein. Die freundliche Verbrüderung mit einer Sekretärin ist oft die erfolgreiche Art und Weise, einen Termin bei ihrem Vorgesetzten zu erhalten. Bei wiederholten Misserfolgen lassen Sie sich den Namen des Ansprechpartners buchstabieren und verschicken Sie dann die Unterlagen. Beim Nachfassen ergibt sich eine zweite Chance zum persönlichen Kontakt mit dem Entscheidungsträger. Ist die Verbindung dann zustande gekommen, sollte man zunächst klären, ob der Gesprächspartner zu einem kurzen Gespräch bereit ist, und dann schnell und präzise sein Anliegen vorbringen.

Der erste Ansprechpartner, um zu erfahren, ob man im Unternehmen ein Praktikum machen kann, ist fast immer der Leiter der gewünschten Abteilung. Falls nicht, wenden Sie sich an den *Personnel Manager* oder den *Human Resources Manager*.

Zurück zu der Bewerbung von Regina Davenport. Die Einleitung des Anschreibens stellt genau die Frage dar, mit der man in ein Sondierungstelefonat hätte einsteigen können. Die Selbstdarstellung im zweiten Absatz ist sehr gelungen. Frau Davenport schafft es in den wenigen Sätzen, Interesse an ihrer Person und den erlernten Fähigkeiten zu wecken. In der gelungenen Verabschiedung kündigt die Kandidatin ein Nachfassen der Bewerbung an. Der dabei zustande kommede persönliche Kontakt wird möglicherweise das fehlende Sondierungstelefonat ein wenig kompensieren. Ist die Stelle schon besetzt, war allerdings die ganze Arbeit »für die Katz«.

Der **Lebenslauf** von Regina Davenport ist vom Layout her gesehen sehr gut gelungen und übersichtlich. Die Angabe eines *career target* ist auf Grund der geringen Berufserfahrung sinnig, wenn auch ein wenig zu lang geraten (vgl. *Career Objective,* S. 111). Auch wichtig: Man sollte sich bei der Formulierung des Berufswunsches nicht zu sehr in den Mittelpunkt stellen. Insgesamt liegt im Resume zu viel Gewicht auf der Ausbildung. Die Inhaltsangabe einzelner Fächer ist überflüssig, so auch die Benotung.

Wichtiger als die Benotung einzelner Fächer ist die Berufserfahrung. So könnte es z.B. sein, dass die Diplomarbeit in Kooperation mit einem oder mehreren Unternehmen geschrieben wurde. Dies wäre für den potenziellen Arbeitgeber sehr interessant. Auch die Inhalte der Praktika sollten kurz angegeben werden (die Darstellung der Praktika ist im Anschreiben übrigens sehr viel besser gelungen als im Resume). Da Frau Davenport scheinbar nur über sehr wenig Berufserfahrung verfügt, könnten auch *Achievements* aus dem privaten Bereich angegeben werden, wie Auszeichnungen für besondere Leistung oder Mitgliedschaften, z.B. in einem Marketing-Club. Dies verdeutlicht unter anderem die Teamfähigkeit eines Kandidaten.

Frau Davenport macht keine Angaben zu *References.* Hier sollte z.B. der betreuende Professor der Diplomarbeit angegeben werden und der Betreuer eines früheren Praktikums.

### Einschätzung

Eine Bewerbung, die den Fokus zu sehr auf die Ausbildung setzt und durch mangelnde Angabe von Berufserfahrung eine Einladung zum Interview unwahrscheinlich macht. Positiv fällt trotz allem die Kombination von Diplomarbeit und Wahlfächern im Studium auf, da sie ein klares Ziel erkennen lässt.

# ABC College of Art
## Application Form 1999/2000
### for postgraduate courses

**Please complete in handwriting and return form to the Assistant Registrar**

**Please tick relevant boxes** ✓

Address for correspondence
Flat A
12 Agar Grove
London N1 5TY

Telephone no.
0207 123 4567

Home address if different to address for correspondence

Telephone no.

Date of birth: 16/02/73
Age next 1st September: 26

Place of birth
Iserlohn, Germany

Present nationality
German

Date of entry to UK
01/01/98

| Schools attended between 11 and 18 | from | to |
|---|---|---|
| Gymnasium Stadtgarten Hannover, Germany (Grammar School) | 09/83 | 07/92 |

GCE 'O' Level, CSE, or GCSE or equivalent school examination

| Subject | Grade | Year |
|---|---|---|
| n/a | | |

GCE 'A', AS Level or GNVQs or equivalent school examination

| Subject | Grade | Year |
|---|---|---|
| German Abitur (A-Levels) | | 92 |
| English | B | |
| Art | A | |
| Politics | C | |
| Biology | C | |

Surname or family name Mr/Mrs/Miss/Ms
Reuter

First names
Gudrun

Maiden or former surname

✓ Single ☐ Married   Number of Children ____

**Degree**
The Degree of MA is awarded following successful completion of taught courses, MPhil and PhD following successful completion of a programme of research

✓ MA   ☐ MPhil   ☐ PhD
✓ Full-time   ☐ Part-time

Course you wish to join
MA Photography

| University, polytechnic or college attended | from | to | Full or part-time |
|---|---|---|---|
| University of Hannover | 93 | 97 | full time |

| Degree, diploma or certificate gained | Subject | grade | year |
|---|---|---|---|
| BA | Photographic Arts (Vordiplom) | 1.3 | 97 |
| MA | | | |
| Diploma | | | |
| Certificate | | | |

Degree/diploma thesis or dissertation title

The defragmentation of the body in contemporary photography

Title of exam to be taken this year

**Grant or scholarship (UK students only)**
If you had a grant or scholarship for your previous course please give the name of the awarding authority

# ABC College of Art

| Any employment or post-degree experience | from | to | Experience relevant to application (including any publications) | from | to |
|---|---|---|---|---|---|
| Placement at 'Avant-Garde' magazine, London | 03/96 | | **Exhibitions** | | |
| | | | Group exhibition, The Old Church, Herrgarten, Hannover | 05/97 | 06/97 |
| Stills photographer on promotional video-shoot for German pop band 'Rapunzel' | 06/96 | | Competition and group exhibition 'Positive Lives' organised by the German Health Trust. Winner of runner-up prize | 12/96 | |
| In-house photographer for the Casino 'Am Waldrand' in Berlin at sporting, social events and club-nights | 01/96 | 12/96 | Solo exhibition: 'Scars of a century' at the Ebony Gallery, Butlers Wharf, London | 01/96 | 02/96 |
| Assistant teacher of weekly photography classes as optional subject at Gymnasium Stadtgarten, Hannover | 09/93 | 07/95 | Solo exhibition 'Seeing happiness' at Vie Art Gallery, Berlin | 07/95 | |

This space is for candidates to describe their intended work-programme at ABC College of Arts

Candidates for taught Master's courses should briefly describe below why they have chosen a particular course and what they propose to gain from their studies.

Candidates for the research degrees of MPhil by project or by thesis and PhD should also complete the Research Degree Proposal Form. Research degrees may be awarded for studio work with written contextual support, or for written theses. Candidates should indicate the intended method of carrying our their research.

I have chosen the MA Photography at ABC College of Art as I believe it is the postgraduate Master in photography that will enable me best to further the exploration of my on-going work.

On previous visits to the ABC College of Art I have gained insight into the possibilities within the different faculties, such as experimenting with various media and processes, including print-making and video.

I am also looking forward to the stimulating debate and criticism that this environment will provide.

(continue on back page if more space requi

# ABC College of Art

**Continuation sheet**

The main focus of my photography is the human form in its various guises including Eve, Venus, Cinderella and Wonderwoman (work in progress). I wanted to create a progression, both in time and also from nudity to clothed.
The series examines attitudes towards the female body, from both the viewpoint of society and the models. I wanted the models to feel free to express their given character in any way they felt comfortable. Also I wanted to produce pictures of modern independent women from different backgrounds; women who are confident about their own sexuality. Even though the models are seen in different stages of undress, the images appear strangely de-sexed. The simple lighting and familiar surroundings attach a certain ordinariness to the portraits which counteracts any sexual implications.
The models chose their own poses and as a result their own individual personalities shine through. The models are brought into a 'set' and asked to interact with particular clothes or props relevant to the portrayal of a specific character.

The exploration of attitudes towards female sexuality and also portraiture of 'ordinary' people in their own familiar and defining surroundings are themes that I would very much like to develop over the next year and I feel that ABC College could offer me an excellent support system with which I could realise my work.

# ABC College of Art

## Please read this section very carefully before completion

**Financial support**
If you are offered a place, please indicate how you intend to support yourself.

| | | | |
|---|---|---|---|
| **A. Fees** | ✓ Bursary* | ☐ Private funding | ☐ Other (please state) |
| **A. Maintenance** | ☐ Bursary* | ✓ Private funding | ☐ Other (please state) |

*English and Welsh Master's degree students may be eligible for a DfEE Bursary towards the cost of fees and maintenance at the college. Scottish, Northern Ireland and Channel Island students may be eligible for bursaries operated by their own education authorities. European Union students may be eligible to have their fees paid but are not eligible for UK maintenance grants. NB: It will not be possible to offer all eligible students bursaries.

Overseas students are expected to make financial arrangements for sponsorship or grants in their home countries. They are advised to contact their British Council office or their own government authorities for information on scholarships that might be available.

**Previous application**
If you have previously applied for entry to the ABC, please give the year and course.

How did you hear of the course?

- Prospectus ☐
- Web site ☐
- Press ✓
- Word of mouth ☐

Have you read the current prospectus? Yes ✓   No ☐

To which other colleges have you applied? **None**

**Please complete if English is not your first language.**
How good is your command of the English language?

| | | | |
|---|---|---|---|
| **A. Written** | ✓ Fluent | ☐ Adequate | ☐ Need help |
| **B. Spoken** | ☐ Fluent | ✓ Adequate | ☐ Need help |

Level of courses already taken. **BA Photographic Arts**

I enclose a cheque ✓   money order ☐   for £30.00
made payable to **ABC College of Art**.
Payment must be made in sterling and is not returnable.
Eurocheques cannot be accepted.
Please write your cheque card number on the back of your cheque.

For applicants wishing to pay the application fee by bank transfer, the details are: A Bank PLC, 134 Runnymede Road, Brighton BN4 5RT
Account number 1234566 Code number 678945

✓ Where applicable I will collect my portfolio
☐ Where applicable I would like my portfolio to be sent to me.

For students who have studied in the UK before:
HESA or SCOTVEC number (if known)

Do your have a disability?
☐ Yes
✓ No

If you have a disability, either physical or learning, please state, on a separate sheet of paper, the nature of the disability and any special facilities that you would wish the college to provide.

We are required for statistical purposes to collect information on ethnic origin. Please tick the appropriate box.

| | |
|---|---|
| White | ✓ |
| Black Caribbean | ☐ |
| Black African | ☐ |
| Black other | ☐ |
| Indian | ☐ |
| Pakistani | ☐ |
| Bangladeshi | ☐ |
| Chinese | ☐ |
| Asian other | ☐ |
| Other | ☐ |

**Photograph of applicant**

I certify the information I have written on this form is correct

*Gudrun Reuter*
Signature of applicant

**15/01/98**
Date

## Zu den Unterlagen von Gudrun Reuter (Fotografie/College in Großbritannien, *application form*)

Im vorliegenden Beispiel handelt es sich um ein typisches **Bewerbungsformular**, *application form*, für eine Aufnahme in ein englisches oder amerikanisches College. Im angloamerikanischen Raum ist es den Colleges vorbehalten, nach eigenen Aufnahmekriterien die freien Plätze mit Studenten zu füllen. Gibt es mehr Kandidaten als freie Plätze, muss man sich auch bei der Bewerbung um einen Collegeplatz gegen die Konkurrenz durchsetzen. Es gibt die unterschiedlichsten Bewerbungsformulare, die aber alle inhaltlich dem hier dargestellten ähnlich sind.

Dem Formular beigelegt findet man auch manchmal eine mehr oder weniger detaillierte Anweisung zum Ausfüllen von codierten Antworten. Formale Tipps zum Bearbeiten eines Bewerbungsformulars finden sich auch im Kommentar zu dem Bewerbungsformular des Design-Managers Frederik Goldmann (Bewerbungsbeispiel Nr. 15, S. 73 ff.).

Das vorliegende Formular ist vier Seiten lang und grob in sechs Sektionen aufgeteilt:

**Personal Details**
Hier sind alle persönlichen Daten in der gewünschten Form anzugeben.

**Degree**
Es ist anzugeben, welcher Abschluss angestrebt wird und ob man Vollzeit oder Teilzeit studieren möchte. Weiterhin werden Angaben über die persönlichen Voraussetzungen für den Kurs verlangt. Diese sind mit dem gewünschten College, dem DAAD (Deutscher Akademischer Austauschdienst), der jeweiligen Universität oder aber Institutionen wie dem British Council abzuklären.

**Employment/Post-Degree Experience und Experience Relevant to Application**
Mit dem Vordiplom, das dem englischen Abschluss Bachelor (im vorliegenden Fall ein Bachelor of Art oder kurz BA) gleicht, hat man seinen ersten akademischen Grad (*degree*) erworben und ist somit ein *Graduate*. Folglich sollen hier alle relevanten Erfahrungen aufgezählt werden, die nach dem Vordiplom gemacht wurden und für das Studium von Vorteil sein könnten. Denkbar wären hier Ausstellungen, Publikationen, Auftritte, Interviews, Mitarbeit, Projekte, ehrenamtliche Tätigkeiten, Mitgliedschaften etc. Gudrun Reuter hat ihre Erfah-rung auf unterschiedlichen Ebenen dargestellt. Sie hat neben einem Praktikum und sozialem Engagement als Lehrkraft auch freiberufliche Tätigkeiten sowie Ausstellungen aufgelistet. Ein rundes Portfolio!

**Intended Work Programme at the College**
In diesem wichtigen Abschnitt wird die Motivation des Kandidaten unter die Lupe genommen und darüber hinaus geschaut, inwieweit die Ziele des Kandidaten mit den Möglichkeiten des Colleges übereinstimmen. Füllt man diesen Part aus, ohne sich über die konkreten Angebote des Colleges zu informieren, hat man seine Hausaufgaben nicht gemacht. Es ist ungemein wichtig, sich bei den in Frage kommenden Institutionen nach den Angeboten zu erkundigen, da diese stark variieren können. So kann z.B. im angloamerikanischen Raum ein College, das über einen Studiengang mit der Abschlussbezeichnung *MA in Photographic Arts* verfügt, ganz andere Kurse und Schwerpunkte anbieten als ein anderes College mit derselben Studiengangsbezeichnung.

Frau Reuters Ausführungen fangen mit einer sehr allgemeinen Einleitung an (diese kann Ihnen als Vorlage dienen). Etwas glücklicher wäre es, auf den speziellen Ruf oder die Angebote des Colleges gleich im ersten Satz einzugehen. Nur eine kleine Umstellung des Satzes verdeutlicht, worum es geht:

> »I have chosen the MA Photography at ABC College of Art as I believe it is the postgraduate Master <u>at your college</u> that will enable ...«

Nach den Angeboten des Colleges hat sich Frau Reuter sogar persönlich vor Ort erkundigt. Da sie jedoch nur sehr allgemeine Aussagen über das College macht, besteht die Gefahr, dass der Leser der Bewerbung sich fragt, ob sich die Kandidatin wirklich erkundigt hat oder einfach nur eine Floskel gebraucht. Geschickter wäre es sicherlich, die in Gesprächen mit den Lehrkräften gewonnenen Informationen über Inhalte und Möglichkeiten der Kurse konkret in die schriftliche Bewerbung einzubeziehen. In ihrem letzten Satz bezüglich der Gründe, warum sie sich am ABC College einschreiben möchte, geht Frau Reuter noch geschickt auf die fruchtbaren Diskussionen ein, die sie an einem solchen Ort erwarten kann. Unglücklich ist nur, dass dieser Satz ohne Übergang an den restlichen Text angehängt ist. Sie hätte besser keinen Absatz gelassen. In den darauf folgenden beiden Abschnitten erzählt Frau Reuter sehr überzeugend von ihrer Arbeit und lässt dadurch großes Interesse und Engagement erkennen. Auch der Schlusssatz mit dem Bezug zum ausgewählten College hat uns sehr gut gefallen.

**Financial Support**

Dieser Abschnitt ist sehr wichtig. Lesen Sie ihn sorgfältig durch, bevor Sie ihn ausfüllen. Ausländische Studenten müssen sich in ihrem Heimatland um die Finanzierung kümmern. Erkundigen Sie sich bei Ihrer Universität oder dem DAAD. Bei einer unklaren Finanzierung wird man Sie nur sehr selten aufnehmen.

**Statistics**

Im letzten Abschnitt sind noch statistische Angaben vorzunehmen. Die Colleges sind angehalten, bestimmte Kontingente von Behinderten oder ethnischen Gruppen aufzunehmen. Schließlich ist in diesem Fall noch ein Foto anzuheften, was ein recht ungewöhnliches Anliegen für den angloamerikanischen Raum ist. Manche Hochschule möchte durch eine persönliche Identifikation in einer sonst so anonymen Umgebung verhindern, dass bei dem anschließenden Interview geschummelt wird und zu diesem Termin ein anderer Bewerber erscheint.

SPORT AND LEISURE – International sport and leisure company based in New York requires a fluent German Secretary to support the Sales Manager. Great team environment with loads of scope to progress. Lots of internal and external liaison and chance to get involved.

Send your application to:

The Sales Manager
NB Sports & Leisure
66 Haddon Garden Road
New York
NY 12345

# Sabine Schulz

Auf dem Brocken 44, 34414 Warburg, Germany

**Tel: 056421341   Email: sschulz56@gmx.de**

February 13, 2001

The Sales Manager
NB Sports & Leisure
66 Haddon Garden Road
New York
NY 12345

Dear Sir:

I read with interest your advertisement in the *New York Times* for a secretary with fluent German to support the Sales Manager. I feel my experience reflects the skills you are looking for and that my knowledge and expertise would be of relevance to the position advertised.

I would like to highlight the following skills and experience/personal strengths:

- Confident handling of modern office communications techniques/technology
- Proven ability to use word processing, spreadsheets and database software
- Fast learner, adaptable and flexible in new areas of work
- Effective time-management skills and ability to organize and prioritize a heavy workload
- Attention to detail in daily tasks
- Experience in the preparation of minutes and arrangements of meetings, conferences and travel
- Enthusiasm for and enjoyment of my job

I am in the process of relocating to New York in two weeks' time and would be delighted to have an interview opportunity with your organization.

Sincerely

*Sabine Schulz*

Sabine Schulz

# Sabine Schulz

Auf dem Brocken 44, 34414 Warburg, Germany

Tel: 056421341   Email: sschulz56@gmx.de

## Employment History

**Aero Cars** — August 97 – present
*Secretary to the Chief of Marketing*

- Co-ordinating advertising, liaising with external advertising agencies
- Responsible for relationship with media planning agency and placing adverts in local newspapers
- Organizing all activities around television commercials for local and national television

**Bohemia Stationary Products** — July 93 – July 97
*Secretary to the Export Team for North America*

- Responsible for the whole company's travel arrangements
- Liaision with distribution partners throughout the United States and Canada
- General secretarial duties including typing up sales reports

**Mikado Music Merchandise** — July 87 – May 93
*Secretary (Distribution Department)*

- Dealing with all correspondence
- Preparation of bi-annual catalogue
- Organizing presence at relevant music festivals, exhibitions and fairs

## Education

**Mikado Music Merchandising, Frankfurt** — Sept 87 – June 90
*Three-year training program in office administration (Bürokauffrau) with final exam set by the Frankfurt Chamber of Commerce*

**Lisa Strohheim Gymnasium, Frankfurt** — August 78 – June 87
*'Abitur' (equivalent to US High School Exam)*

## Relevant IT knowledge

Word for Windows and Macintosh
Excel
Pagemaker
QuarkXpress
Paintshop Pro
Access

## Languages

Fluent German and English (two years elementary school in Philadelphia).

## Leisure Interests

Reading, history and swimming.

# Sabine Schulz

Auf dem Brocken 44, 34414 Warburg, Germany

Tel: +49 56421341   Email: sschulz56@gmx.de

February 13, 2001

Mr Samuel Golding
Sales Manager
NB Sports & Leisure
66 Haddon Garden Road
New York
NY 12345

Ref: Advertisement in the *New York Times* for a secretary with fluent German

Dear Mr Golding:

Thank you for taking the time to talk about the position with me last Thursday. After our conversation, I am certain my background detailed on the enclosed resume reflects the skills and experience you are looking for. I am a passionate sports fan and would be delighted to find employment in the field of sports promotions.

In brief, my relevant experience and skills include:

- 14 years experience as a secretary within a sales and marketing environment
- fluency in both German and English
- liaising successfully with colleagues, clients and suppliers and agencies
- excellent communication skills face to face, on the telephone, and in writing
- familiarity with working procedures in the USA

I have a Green Card and am in the process of relocating to New York. I will be available for an interview in person in two weeks' time and will call you next week to discuss any queries you may have about my application.

Thank you for your consideration.

Sincerely,

*Sabine Schulz*

Sabine Schulz

Enclosure

# Sabine Schulz

Auf dem Brocken 44, 34414 Warburg, Germany

Tel: +49 56421341   Email: sschulz56@gmx.de

## Employment History

### Aero Cars
*Secretary to the Head of Marketing* *August 97 – present*

- Co-ordinating all advertising for television and print
- Liaising with internal as well as external marketing professionals
- Organizing all activities around television commercials for local and national television
- Arranging meetings and taking minutes
- General administration, stationery and correspondence

**Main achievements:** Learnt QuarkXpress through self-study, saving the company layout fees of DM 6000 a year. Set up regular meetings for Sales Representatives establishing a more effective flow of communication and ideas between staff.

### Bohemia Stationery Products
*Secretary to the Sales Team for North America* *July 93 – July 97*

- Liaised with distribution partners throughout the United States and Canada
- First point of contact for overseas sales representatives
- Responsible for the whole company's travel arrangements
- General secretarial duties, including typing up sales reports and arranging meetings

**Main achievements:** Researched courier fees to USA, resulting in substantial savings in Parcel courier fees.

### Mikado Music Merchandise
*Secretary  (Distribution Department)* *July 87 – May 93*

- Co-ordinated photography, graphics and text for bi-annual catalogue
- Organized presence at relevant music festivals, exhibitions and fairs
- Responsible for checking stock levels

**Main achievements:** Organized Mikado Music stand at 'popkomm', the German music industry's main exhibition, resulting in 20% more orders compared to previous years.

## Professional Development

*Excel Advanced*
Evening classes, Business & IT Training, Marburg

*Word for Windows Advanced*
Evening classes, Business & IT Training, Marburg

# Sabine Schulz

Auf dem Brocken 44, 34414 Warburg, Germany

Tel: +49 56421341    Email: sschulz56@gmx.de

*Effective communication by telephone*
Training Direct, Frankfurt

*Time-Management for secretaries*
Training Direct, Frankfurt

## Education

**Mikado Music Merchandising, Frankfurt**　　　　　　　　　　Sept 87 – June 90
Three-year practical and theoretical training programme covering all aspects of office administration (Bürokauffrau) with final exam set by the Frankfurt Chamber of Commerce.

**Lisa Strohheim Gymnasium, Frankfurt**　　　　　　　　　　August 78 – June 87
'Abitur' (equivalent to US High School Exam)

**Lincoln Elementary School, Philadelphia**　　　　　　　　　August 73 – June 78

## Relevant IT knowledge

Excellent knowledge of Word for Windows and Macintosh, Excel, and QuarkXpress
Good working knowledge of Pagemaker, Paintshop Pro and Access

## Languages

Fluent German and English.

## Leisure Interests

Swimming (member of German Swimming Association), American football (supporter of Hamburg's Blue Devils), soccer and reading.

## References

Gitta Heidenkamp
Head of Marketing
Aero Automobile
Hammelsbach 34
34414 Warburg
Germany
+49 564 66555

Alfons La Roche
Managing Director
Bohemia Buerobedarf
Steckstrasse 23
60329 Frankfurt
Germany
+49 69 7865435

# Zu den Unterlagen von Sabine Schulz (Sekretärin, USA)

## 1. Version

Als Erstes fällt das Layout eines ansprechenden und durchgängigen eigenen Briefkopfes beim **Cover Letter** und Resume positiv auf.

Aber schauen wir uns das Anschreiben im Einzelnen an. Zunächst spricht Frau Schulz den Ansprechpartner nicht mit Namen an. Die Wichtigkeit eines Sondierungsgespräches haben wir bereits im zweiten Bewerbungsbeispiel von Regina Davenport betont (siehe S. 13). Auch sonst gelingt es der Kandidatin mit ihrem Anschreiben nicht, zu überzeugen. Die Einleitung ist ein klassischer Standardtext, der zunächst den Anzeigentext wiederholt. Im zweiten Satz kündigt die Kandidatin eine Übereinstimmung zwischen ihren Fähigkeiten und Kenntnissen und den anfallenden Aufgaben an, wobei die Formulierung vage und langatmig ist.

In der Einleitung des zweiten Abschnittes verwendet die Kandidatin einen Schrägstrich zwischen den *Experiences* und *Personal Strenghts*, was ein wenig so wirkt, als wenn die Kandidatin nicht recht wüsste, was sie da aufzählt. Der Schrägstrich wird noch einmal im ersten Aufzählungspunkt verwendet. Das alles macht einen sehr unschönen Eindruck. Die nun folgende Aufzählung der erworbenen Fähigkeiten ist zu lang, wirkt ungeordnet und steht in keinem Zusammenhang mit dem Anforderungskatalog der Anzeige. Auch bleibt unerwähnt, dass Frau Schulz zumindest zeitweise zweisprachig aufgewachsen ist und somit die englische Sprache fließend beherrscht.

Schließlich ist die Verabschiedung wie der gesamte Brief problematisch. Es werden keine Angaben zur Arbeitserlaubnis gemacht oder ein Nachfassen der Bewerbung angekündigt. Bei der vorliegenden Bewerbung können aber nur in einem Gespräch die noch offenen Punkte, wie die bereits vorhandene Arbeitserlaubnis oder die Motivation, nach New York zu ziehen, geklärt werden.

Bei dem **Resume** handelt es sich um einen klassischen chronologischen Aufbau mit übersichtlicher und klarer Gliederung. Gehen wir von oben nach unten vor:

Augenscheinlich werden die verschiedenen Anstellungen gleich gewichtet, weil jeweils drei Unterpunkte angegeben werden. Ein solches Vorgehen ist unglücklich, weil im angloamerikanischen Raum dem aktuellen Job immer wesentlich mehr Aufmerksamkeit geschenkt wird als dem vorherigen. Werden weitere ältere Positionen dargestellt, so sind diese noch geringer zu gewichten. Des Weiteren sind die Unterpunkte zu den einzelnen Anstellungen, wie auch schon die Aufzählung in dem Anschreiben, sehr wenig auf die Anforderungen des neuen Jobs ausgerichtet und nicht nach Prioritäten geordnet.

Außer in einer ungekündigten Position ist auch die Verwendung des Gerundiums *dealing* etc. unglücklich bzw. bedarf eines tiefen sprachlichen Feingefühls. Es ist wesentlich einfacher, in solchen Fällen die Vergangenheitsform zu wählen (*dealt*).

Die Darstellung der absolvierten Lehre unter *Education* dagegen ist recht gelungen. Ebenfalls gut, weil kurz und bündig, ist die Erwähnung des Abiturs. Bei der Angabe der Sprachen gibt es noch eine kleine Unschönheit: Frau Schulz erwähnt hier, dass sie auf die Grundschule in Philadelphia gegangen ist. Diese Angabe sollte sie lieber unter *Education* vornehmen. Dazu noch Folgendes: Normalerweise erwähnt man im Englischen den Besuch von Grundschulen nicht. Im vorliegenden Fall kann aber damit ausgedrückt werden, dass Frau Schulz wesentliche Sprachkenntnisse erworben hat und so sollte dieser Abschnitt ihres Lebens mit in den Resume aufgenommen werden. Schließlich und endlich fehlen Angaben zu den Referenzen.

### Einschätzung

Aus dem Cover Letter und dem Resume kann man mit kleinem Aufwand wesentlich mehr machen. Das Unterlassen des Sondierungstelefonats ist für die besondere Situation von Frau Schulz von sehr großem Nachteil, weil sie damit viele Fragen aus der Welt schaffen und darüber hinaus die eigene Motivation verdeutlichen könnte.

## 2. Version

Sie sehen schon auf den ersten Blick, wie Frau Schulz im **Cover Letter** mit wenig Aufwand einen großen Unterschied erzielt. Das Anschreiben spricht den Personaler ganz anders an. Zunächst fällt auf, dass Frau Schulz eine Betreffzeile eingefügt hat, die den Bezug des Schreibens enthält (die Verwendung bietet sich hier an, ist aber nicht für jedes Anschreiben geeignet). Die Einleitung geschieht persönlich mit Bezug auf das vorher geführte Telefonat. In der Einleitung des neuen Anschreibens sind auch Satzstücke aus der alten Fassung enthalten, diese wirken jedoch im neuen Kontext viel ansprechender. Schön ist auch der letzte Satz der Einleitung, in dem Frau Schulz sich als »passionate sports fan« beschreibt. Mit diesem kleinen Statement erschafft die Kandidatin einen persönlichen und engagierten Bezug zu der Tätigkeit in der neuen Branche. Die sportlichen Interessen spiegeln sich auch noch einmal im Resume bei den Freizeitaktivitäten wider (Schwimmverein, Blue-Devils-Fan etc.).

Die nun im Anschreiben folgende Aufzählung von Erfahrungen als Sekretärin bezieht sich auf die Anforderungen der neuen Position, welche in der Anzeige formuliert sind, und ist nach Prioritäten geordnet.

Im letzten Absatz wird kurz erwähnt, dass eine Arbeitserlaubnis vorhanden ist und darüber hinaus wird noch einmal ein Nachfassen angekündigt. Gelungen!

Noch immer handelt es sich um einen **Resume** mit chronologischem Ablauf, nun aber mit funktionellen Aspekten. Der Aufbau wirkt in der neuen Form viel interessanter. Durch die Angabe besonderer Leistungen (*Main Achievements*) in den jeweiligen Anstellungen gelingt es Frau Schulz, Selbstmotivation und Eigenverantwortung darzustellen. Hierdurch können auch Qualifikationen dargestellt werden, die wenig oder nichts mit der eigentlichen Jobbezeichnung zu tun haben. Diese Art des Aufbaus kann somit ideal im Fall eines Berufswechsels herangezogen werden. Der Fokus der Arbeitserfahrung liegt inzwischen ganz klar auf der aktuellen Position. Die kurzen Angaben zu den einzelnen Tätigkeiten sind übersichtlicher und der Aufbau wirkt geordneter. Frau Schulz hat darüber hinaus einen kleinen Abschnitt mit den in letzter Zeit absolvierten Weiterbildungen eingefügt. Diese Angaben dokumentieren ebenfalls die große Motivation der Sekretärin. Der übrige Lebenslauf wurde nicht mehr stark verändert. Die Angabe zur amerikanischen Grundschule wurde an die richtige Stelle gesetzt. Einige zusätzliche Informationen zu Freizeitinteressen sowie die Referenzadressen runden den neuen Resume ab.

### Einschätzung

Die vorgenommenen Änderungen haben die Bewerbungsunterlagen deutlich verbessert. Dabei war der Aufwand (inkl. Telefonat) sehr gering. Der Lebenslauf hat durch das Aufzeigen der *Achievements* einen sehr interessanten Ansatz bekommen. Die Chancen von Frau Schulz auf ein Vorstellungsgespräch und damit eine Einstellung konnten deutlich gesteigert werden.

Annette Meyer
Kepplerstrasse 17
44357 Dortmund
Germany
0049 231 334567

Ms Karen Wilson
Drama Department
Sydney University
Wood Road
Sydney

5th March 2001

Dear Ms Wilson

I would like to be considered for the position of carpenter in the Drama Department as advertised in the *Sydney Morning Post* on 4th March 2001.

You will see from my enclosed CV that I have been working as a qualified carpenter and previously did a three-year apprenticeship covering all aspects of furniture carpentry. In addition I have been constructing theatre sets with the Dortmund Amateur Dramatic Society in my spare time for the last two years. Here I have been involved with various productions set in different periods, making new furniture and adjusting existing furniture and also constructing revolving stages and street furniture from various materials.

I am passionate about drama and would be delighted to combine my love of the theatre with my experience as a carpenter. I understand that the budget for sets is limited as your productions are by students. I have experience of working within a very low budget with the Dortmund Amateur Dramatic Society and am used to these restrictions.

I would appreciate the opportunity of an interview, in the meantime please do not hesitate to contact me should you have any further queries. As I am married to an Australian resident I have a work permit for Australia.

I look forward to hearing from you soon.

Yours sincerely

*Annette Meyer*

Annette Meyer

# CURRICULUM VITAE

**NAME:** Annette Meyer

**ADDRESS:** Kepplerstrasse 17
44357 Dortmund, Germany

**TELEPHONE:** 0231 334567

**DATE OF BIRTH:** 5th March 1979

**NATIONALITY:** German

**MARITAL STATUS:** married

## EDUCATION

**March 1998**
**Handwerkskammer**
**Dortmund**

**GESELLENPRÜFUNG (CERTIFICATE IN CARPENTRY)**
(THEORETICAL PART OF TRAINING PROGRAMME)

The exam was set by the Trade Corporation (Handwerkskammer) and taken after a three-year apprenticeship in furniture carpentry. Part of the training was at technical college and covered technical drawing, mathematics and a course on all aspects of working with wood, tools and machines.

**June 1995**
**Karl-Schurz-Realschule,**
**Dortmund**

**REALSCHULABSCHLUSS (MITTLERE REIFE)**

(Equivalent to O-levels)

## WORK EXPERIENCE

**April 1998 to present**
**Schlosswerkstatt,**
**Dortmund**

**FURNITURE CARPENTER**

Working in a wood workshop in a team of three. Creating individual items of furniture including tables, shelves, beds and wall-to-wall cupboards from various types of wood. Working independently, taking brief from client, costing, working out timings, choosing materials, working up piece through to supervising final delivery and assembling furniture on site. Occasionally restoring antique furniture. Responsible for compliance with health and safety regulations.

**Sept 1995 – March 1998**
**Holzwerkstatt Westwald,**
**Lünen**

**APPRENTICE CARPENTER**
(PRACTICAL PART OF TRAINING PROGRAMME)

Learning all aspects of working with wood whilst working in a large carpentry workshop producing made-to-measure office and domestic furniture, such as desks and shelving. Assisting qualified carpenters with cutting, sawing, grinding, tenoning, joining and finishing. Dealing with suppliers and invoicing.

## INTERESTS

**April 1994 to present**
**Dortmund Amateur**
**Dramatic Society**

**SET CARPENTER**
(OCCASIONAL WEEKENDS/EVENINGS)

Concept and construction of sets for productions in small venues. Ensuring sets are easily removable. Working with a variety of materials in different styles and periods according to where production is set.

## Zu den Unterlagen von Annette Meyer (Tischlerei/Schreinerei in Australien)

Zunächst der Hinweis auf einen Formfehler, der absolut vermeidbar ist. Bei der Angabe der eigenen Adresse im Anschreiben vergisst Frau Meyer vor ihrer Telefonnummer kurz zu kennzeichnen, dass es sich auch wirklich um eine solche handelt. Weiterhin gibt sie im Lebenslauf die Nummer ohne die Ländervorwahl an. Hier sind einheitliche Angaben angebracht!

Nun zum Inhaltlichen des **Cover Letters**: Es fällt sofort auf, dass Frau Meyer keinen vorherigen telefonischen Kontakt mit der Verantwortlichen gesucht hat. Dies ist bei der anzunehmenden Vielzahl der Bewerbungen und dem Nachteil, sich nicht vor Ort bewerben zu können, ein echtes K.o.-Kriterium. Des Weiteren ist der Einstieg des Anschreibens sehr traditionell und ausdruckslos. Viel ansprechender wäre es z.B. folgendermaßen:

> »I would love to use my skills as a carpenter within the drama department. After our very informative talk about duties and responsibilities of the position I am sure your department would provide the ideal working environment for me.«

Der Bezug zu der Anzeige könnte in diesem Fall in einer Betreffzeile vorgenommen werden:

> »RE: Carpenter in the Drama Department advertised in the *Sydney Morning Post* on 4<sup>th</sup> March«

Die kurze persönliche Vorstellung im zweiten Abschnitt fängt ebenfalls etwas schwach an. Der Hinweis auf den beigelegten CV wirkt plump. Danach schreibt die Kandidatin jedoch fokussiert weiter und vermittelt überzeugend ihr großes Interesse an der angebotenen Stellung.

Alternativ könnte Frau Meyer sich mit einer kurzen, knappen und etwas verkäuferischer anmutenden Formulierung im Aufzählungsstil vorstellen:

- a three year German apprenticeship as a carpenter, involving all practical and theoretical aspects of a professional carpentry
- experience in constructing theatre and production sets as well as revolving stages
- in-depth knowledge in constructing furniture
- used to working within small budgets
- fluent oral and written English

Der letzte Absatz des vorliegenden Anschreibens ist recht gelungen, die Darstellung der Motivation und auch das Aufzeigen von echtem Insiderwissen verfehlen die gewünschte Wirkung nicht. Die Verabschiedung dagegen ist etwas zu höflich und zeigt keinen Biss – den braucht man jedoch in einem fremden Land und einer fremden Umgebung. Es wird trotz fehlendem Sondierungstelefonat kein Nachfassen angekündigt.

Schließlich ist noch ein kleiner Formfehler am Ende des Anschreibens anzumerken: Hier fehlt das Wort *Enclosure*, welches anzeigt, dass ein weiteres Schreiben (der Lebenslauf) beigelegt wurde.

Das **Curriculum Vitae** wirkt durch ein gelungenes Layout auf den ersten Blick übersichtlich. Der Lebenslauf weist aber auch Verbesserungspotenzial auf: Der Leser muss immer wieder lange Absätze durchlesen, um die gewünschten Informationen zu finden. Auch bei Frau Meyer taucht das Problem der Übersetzung der deutschen Abschlüsse auf, welches allerdings durch die inhaltliche Beschreibung der Lehre recht gut gemeistert wurde.

Sehr gut gefällt uns, dass der ganze Lebenslauf klar auf das Ziel ausgerichtet ist, eine Anstellung als Bühnenschreinerin zu bekommen, welches im *Interests*-Abschnitt besonders deutlich wird. Der Fokus ist sehr gelungen.

### Einschätzung

Eine recht ansehnliche Bewerbung mit einigen Formfehlern. Eine Einladung zum Vorstellungsgespräch ist jedoch trotz der guten Eignung unwahrscheinlich, da kein persönlicher Kontakt zustande kam und sich die Kandidatin gegen die inländische Konkurrenz durchsetzen muss.

**Luise Wörtmann, Kölner Straße 45, 80035 Munich**
**Tel: +49-89-123456**

March 23, 2000

Laurence Haley
Wordpower Communication
556 Manhattan Avenue
New York
New York 10014

Dear Mr Haley:

Following a conversation with Mrs Young last Thursday, I am enclosing my resume for your consideration. I am confident that my broad-based experience in diverse fields of translation would be an asset to your organization.

In the 15 years I have been working as a translator (German, English, and Spanish), my experience has covered the following areas:

- **Marketing materials:** Annual reports, magazine editorials and advertisements
- **Technical:** Technical specifications for engineering plants, operating instructions and chemical process descriptions
- **Business:** New business proposals, business plans and strategy documents
- **IT:** Manuals for software and hardware
- **Legal:** Engineering contracts, contractual disputes, interpretation in court and court transcripts

I would appreciate an opportunity to discuss how my experience could contribute to the success of Wordpower Communication, and am interested in both contract work and permanent employment. I have recently obtained a Green Card and will be relocating to New York at the end of March.

Thank you for your time and consideration. I look forward to hearing from you soon.

Sincerely,

*Luise Wörtmann*

Luise Wörtmann


Enclosure

Luise Wörtmann, Kölner Straße 45, 80035 Munich
Tel: +49-89-123456

**Background:** A highly experienced and accurate translator with German (mother-tongue), English (fluent; resident in London for ten years) and Spanish (excellent knowledge; resident in Madrid for two years). Specialist knowledge in the field of engineering and commercial translations. Excellent interpersonal and organizational skills. Good teamworker, calm, patient, motivated and used to working to tight deadlines.

## Skills Summary

- Eight years experience as a translator for a leading German engineering company, translating English, German and Spanish texts with main emphasis on technical specifications, legal and international advertising and marketing materials.

- Translation of handbooks for specially commissioned or customised computer applications at SIG Worldwide, for engineering, accounting and technical drawing software.

- Translation of operating manuals for process descriptions in chemical plants and user instructions for internal translation databases.

- Experience in dealing with confidential information in a formal setting as occasional interpreter in court for the British Army.

- Competent use of Microsoft Products; Word, Excel, PowerPoint, WordPerfect, TERMEX database and customising of database for translation use.

- Excellent administration skills, scheduling and prioritising.

## Career History

| | | |
|---|---|---|
| *May 91 – present* | *Translator* | SIG Worldwide Engineering, Munich |
| *Sept 86 – April 91* | *Translator* | Löhrmann Publishing, Düsseldorf |
| *Aug 81 – Jun 86* | *Translator/Copywriter* | Euromarketing Ltd, London |
| *Sept 79 – Jul 85* | *Translator/Secretary* | British Military Base, Bielefeld |
| *Aug 78 – Feb 79* | *Private Tutor in German* | Eurolingo School, Madrid |

## Education

*Jan 78 – June 78* **University of Madrid**
Six-month course for foreign students.

*June 77* **German Chamber of Industry and Commerce Certificate in Translation for English and Spanish**
Oral and written exams testing translation skills in English and Spanish. The four day exam covered legal, business, journalistic, literary and spoken language.

*Jan 75 – June 77* **Ravensburg School of Languages**
Two-year full-time course in English and Spanish, including business studies, economics, advertising and law in the context of translation and interpreting.

## Zu den Unterlagen von Luise Wörtmann (Übersetzung in den USA)

Im **Cover Letter** bezieht sich die Kandidatin auf ein vorangegangenes Gespräch, dies wurde jedoch nicht mit dem Verantwortlichen persönlich geführt. Daher wäre es sinnvoll, wenn sie ein Nachfassen ankündigen würde. Ansonsten wird nicht viel um den heißen Brei geredet, sondern eine Liste der Fakten erstellt. Auch wird das Anschreiben dazu genutzt, die Frage der Arbeitsgenehmigung zu klären.

Der Einstieg in den **Lebenslauf** ist überzeugend, übersichtlich und sehr beeindruckend. Vielleicht nicht verwunderlich bei so viel Berufserfahrung, aber auch diese will wohl verpackt sein. Frau Wörtmann stellt ihre Fähigkeiten mittels eines *Functional Resume* (vgl. dazu S. 112) dar, wobei nur wenige unterschiedliche Fähigkeiten aufgeführt werden. Ein einziger kleiner Formfehler ist ihr allerdings doch unterlaufen. Sie schreibt »Kölner Straße« in ihrem Briefkopf. Umlaute und das »ß« kennt man im Englischen nicht. Besser ist es, die Schreibweise »ae«, »oe« oder »ue« zu benutzen, und aus »ß« wird ein »ss«.

### Einschätzung
Klar, übersichtlich und überzeugend!

*Stefanie Hartung*  
*Siebenzollernweg 17*  
*22318 Hamburg*  
*Tel: +49 40 1234567*

Mr James Richie  
RJ & J Recruitment  
Arundel Square  
Manchester  
MA4 8UJ

17 January 2000

Dear Mr Richie

Thank you for taking the time last Wednesday to discuss with me the possibilities of working in England as an architect. I have decided to move to Manchester in April 2001 and will be contacting you again in February.

As discussed, I am enclosing my CV for your information. In the meantime, please could you bear me in mind for any clients you may have with international project developments, who might be interested in an architect experienced in German planning and building laws and regulations. I have taken your advice and enrolled in an evening class in English office communications and am also taking an English conversation class to prepare myself for working in Britain.

If you have any questions at all about my Curriculum Vitae, please call me on +49 40 1234567 or email me at shartung@gmx.de. Thank you for your advice and support.

Yours sincerely

*Stefanie Hartung*

Stefanie Hartung

# Curriculum Vitae

## Personal details

| | |
|---|---|
| Name: | Stefanie Hartung |
| Address: | Siebenzollernweg 17 |
| | 22318 Hamburg |
| | Tel: +49 40 1234567 |
| Email: | shartung@gmx.de |
| | |
| Place of Birth: | Arnsberg |
| Date of Birth: | 21 October 1966 |
| Nationality: | German |
| Marital Status: | Single |

## Education

01/04/00 to present    **PhD in Strategic Facility Management**
Department of Civil Engineering
Hamburg University

01/10/97 – 25/06/99    **MA in Construction Management**
Dissertation on Facility Management in the context of planning and usage of commercial buildings
Hamburg University

01/09/85 – 06/11/90    **BA in Architecture** (Dipl.-Ing. Architecture)
Dissertation: Design of an office block in Hamburg city centre
Hamburg University

07/76 – 05/85    **A-levels**
Werner-Lau-Gymnasium, Hamburg

## Employment

03/04/00 to present    Employed by the University of Hamburg as Scientific Assistant for a research project with the Institute of Construction and Building Management. A large part of the work involves advising the Building and Planning Department in Hamburg on facility and building management.

01/10/99 – 31/12/99    Commissioned by the German Ministry of Science and Technology to write a report on 'Employment perspectives for female architectural students'

| | |
|---|---|
| 23/08/99 – 11/11/1999 | **Dr.-Ing. Wolfgang Harmann Office for Architecture and Town Planning, Hamburg** <br> Worked as a freelance architect on a village development project in Klein-Hammelsbach. Emphasis on Client/Agent coordination within the framework of planning and consultation with council bodies and the general public. |
| 01/02/99 – 26/02/99 | Project review and final audit of technical accounts for the Lartana hotel in Munich, commissioned by MDR GmbH in Cologne. |
| 04/05/98 – 31/12/98 | Employed for research project 'Women's needs in modern architecture' by the Department of Architecture at Hamburg University. |
| 28/08/95 – 21/11/96 | **TOP CAD/CAM School, Hamburg** <br> As freelance lecturer taught technical draughtsmen/draughtswomen to draw up specialised building and construction plans in preparation for exam by the Chamber of Commerce. |
| May 1995 – 23/11/96 | **Association of Surveyors** <br> Commissioned to prepare and present a series of seminars on 'Foundations of civil and structural engineering for surveyors' with emphasis on architectural form and structural damage to buildings. |
| from 01/02/95 | **Self-employed architect with office in Hamburg** <br> Main projects: <br> • Concepts and detailed development plans for the development of new residential property in Markum-Nord. <br> • Building plan for the old town in Meerenburg. <br> • Design of a bus station for Harenburg Town Council. <br> • Preliminary town planning concept for a new ring road through Duisburg-Traunheim. <br> • Second prize in national competition for village development plan for the council of Michelnbach/Bavaria (no first prize was awarded). <br> • Preliminary research for proposed development of industrial estate Fuddarheide commissioned by the town council. |
| 12/11/90 – 31/11/92 | **Angus Dochert Developments, Hamburg** <br> Employed as architect with emphasis on project management, construction management and advising other architects and engineers involved in the project planning process. Mainly working in hotel construction for international hotel companies. Main client was Zakira Hotels. |
| 12/11/90 – 31/11/92 | **Dr.-Ing. Wolfgang Harmann** <br> **Office for Architecture and Town Planning, Hamburg** <br> Employed full-time to work on a range of projects covering structural engineering with main emphasis on concept, design, building and planning permits, construction planning and site supervision. |

## Work Placements

21/03/88 – 31/12/88    Involvement in the research project 'Computer and Building Site Management' at Hamburg University.

13/07/87 – 16/10/87    Architektengroep Breugenstein, The Hague, a group of architects specialising in ecological building.

01/06/85 – 31/08/85    On-site work experience with building contractors Kupferstein GmbH, Hamburg.

## Courses

18/02/00    Delegate at the international construction industry's exhibition 'Bautech 2000' in Berlin.

11/02/00    One-day course: 'Building Usage and Costs' at the Academy of the Hamburg Chamber of Architects.

15/03/99 – 16/03/99    Two-day course in Facility Management Software (CAFM) at Freiburg University.

25/11/95 – 29/11/98    Four-day seminar 'Heat and Sound Prooving' at the Academy of the Hamburg Chamber of Architects.

09/10/92 – 13/10/92    Four-day seminar: 'Evaluation of developed and undeveloped land'. Technical Academy at Kaiserslautern University.

## Languages

German, English and Dutch

## Software

MS-Office: Word, Excel, PowerPoint, MS-Project, Spirit (CAD), Forma, Lotus Notes; Domino Designer

## Membership of professional bodies

From 1992    Member of the Hamburg Chamber of Architects

## Zu den Unterlagen von Stefanie Hartung (Architektin, Großbritannien)

Der **Cover Letter** ist recht kurz und wenig informativ, knüpft aber an ein sehr ausführliches persönliches Gespräch an, an das sich der Ansprechpartner sicherlich noch erinnern wird. Dies ist ein gutes Beispiel dafür, wie fruchtbar ein Sondierungstelefonat sein kann. Sehr gut ist auch die klare Verfolgung des Ziels mit der direkten Ankündigung, sich wieder zu melden. Das ganze Schreiben strotzt vor Motivation. Kleiner Formfehler: Das *Enclosure* wurde vergessen.

Der **Lebenslauf** ist streng chronologisch aufgebaut. Durch viele und teilweise auch sehr kurze Projekte fällt es schwer, ihn zu lesen und nachzuvollziehen. Die Schreiberin hätte gut daran getan, anstatt einer chronologischen eine funktionelle Gliederung vorzunehmen. So könnten die Wissensschwerpunkte und die Erfahrungen klarer dargestellt werden und die Projekte in einer Art Projektliste aufgezählt werden. Dieses Vorgehen würde viel Unordnung im Lebenslauf beseitigen. Vergleichen Sie einmal die Bewerbung der Übersetzerin Luise Wörtmann auf den Seiten 32 und 33.

### Einschätzung

Ein anschauliches Beispiel dafür, dass ein übersichtlicher Lebenslauf nicht ohne eine klare Gliederung aufzubauen ist.

# Marketing Executive

**Based St Albans**

Recognised for our expertise in the field of foreign language teaching, Exeter Publishing publishes a wide range of materials, including training books for teachers, primary and secondary schools and short course and evening course materials. We are now branching out into the field of Teaching English as a Foreign Language (TEFL). The advertised role will be key to the success of our publications and the effective and innovative promotion and marketing of our new materials in this field including two new subscription titles aimed at both teachers and students.

A creative and highly organised marketing specialist with first-class writing ability, you will work closely with the Marketing Officer and Head of Publishing, devising and implementing new marketing strategies, as well as developing the customer database and generally ensuring successful sales and distribution. An enthusiastic team player with proven publications marketing expertise, you will be capable of working to very tight deadlines and on your own initiative. Word-processing, Excel and database skills will be combined with sound administrative ability. Knowledge of foreign languages, especially German, Spanish or French is an advantage. We offer a generous company pension scheme, healthcare packages and 25 days annual leave.

---

To apply for the above position, please send your CV and a handwritten covering letter (stating current salary) to:

**The Personnel Manager, Exeter Publishing, Exeter House, Fernway Road, St Albans, Hertfordshire AL4 8GX**

(Please note that only shortlisted candidates will be contacted)

# JENS VOGELSANG
## HABICHTSTRASSE 16  60145 FRANKFURT  GERMANY  0049 69 334567

Mr. Tim Sajita
Personnel Manager
Exeter Publishing
Exeter House
Fernway Road
St. Albans
Hertfordshire
AL4 8GX


14 February 2001


Dear Mr Sajita

I read with interest your advertisement for a Marketing Executive for Exeter Publishing's new TEFL programme. You will see from my enclosed Curriculum Vitae that my skills and experience reflect the criteria in your advertisement. As I have worked as a language teacher, I have excellent knowledge of your target audience. In addition I have experience of both the English and German publishing markets and will be able to offer your company fresh marketing ideas from a new perspective.

My current salary is approximately £26k, however the German salary and tax system is quite different to the UK. I am very keen to work outside London and am willing to negotiate salary levels.

I will be calling you next week to arrange a mutually convenient time to discuss my application. In the meantime, thank you for your consideration.

Yours sincerely

Jens Vogelsang


Enclosure

# CURRICULUM VITAE     JENS VOGELSANG

## PERSONAL DETAILS

**NAME:** Jens Vogelsang
**ADDRESS:** Habichtstrasse 16
60145 Frankfurt
Germany

**TEL:** 0049 69 334567
**EMAIL:** jens_vogels@aol.com
**DOB:** 5 December 1969

## SKILLS

- Excellent track record in developing and implementing marketing strategies
- In-depth knowledge of publishing for educational markets in England and Germany
- Ability to liaise effectively with other teams and organisations to drive projects forward
- Trained in project management, negotiation skills, subscriptions marketing and database marketing
- High computer literacy – familiar with a wide range of packages including Word, Excel, PowerPoint, 'First Point' database, Access, QuarkXpress (PC and Mac platforms) and Photoshop
- Excellent working knowledge of English and French, fluent German

## EMPLOYMENT

**BOOK AND MAGAZINE MARKETING OFFICER**                     August 1998 – present
**FADA Educational Publishing Division, Frankfurt**

- Jointly responsible with the Head of Publishing for compiling and reviewing a new business plan for 2000 – 03
- Initiated research and analysis for a situation review of Educational Publishing Division and organised steering group project meetings for the Magazine Marketing Review
- Worked with the Website Manager in setting up FADA's educational online bookshop and maintained the magazine pages
- Implemented a new customer database with external software developers and FADA's IT department. Drew up a structure for a tailored subscriptions management function and briefed IT staff on criteria for sales and marketing reports
- Arranged meetings with FADA's distributor and supplied advanced information on new titles. Monitored stock and income levels from shop sales
- Managed the marketing and distribution for magazine subscription services aimed at teachers. Worked on increasing the subscriber base of teachers with external publishing consultant and researched the feasibility of outsourcing distribution
- Recruited and line-managed the Publishing Assistant volunteer
- Oversaw production and distribution of the publications list and flyers for new titles. Liaised with designers, printers and mailing houses and FADA's Training Publications Division.
- Attended book fairs and conferences to promote publications and advised potential customers on the suitability of publications

**MARKETING EXECUTIVE**　　　　　　　　　　　　　　　　　　　March 1997 – July 1998
**Oxford Educational Publishing, Oxford**

- Responsible for marketing secondary personal and social education, English, modern languages, and religious education books to teachers within allocated budgets
- Project-managed five annual subject catalogues. Produced in-house forms, flyers and target letters and used the database to target these cost-effectively
- Commissioned promotional agencies to design and print conference panels and display material for sales representatives
- Liaised with exam boards, advisers, teachers and the educational press to secure recommendations for titles and to promote syllabus matches
- Initiated National Year of Reading project group to maximise marketing opportunities with Dictionary, Audiobook and Trade Fiction Divisions
- Designed and edited a quarterly newsletter for buyers of the 'Prayers to the People' series of workbooks

**TEACHER**　　　　　　　　　　　　　　　　　　　　　　　　September 1995 – July 1996
**German Language Academy, Frankfurt**

- Successfully prepared classes for refugees in Frankfurt for German Language exams at Frankfurt Job Centres
- Taught all levels from beginners to advanced which included setting end-of-term tests
- Organised career guidance, extra revision classes and evening theatre visits

## EDUCATION

**ADVANCED CERTIFICATE IN MARKETING**　　　　　　　　September 2000 – present
**Frankfurt Business School**
Currently studying Marketing Information for Management Decisions for examination in December. Training has included forecasting, market research, investment appraisal and costing techniques

**POSTGRADUATE DIPLOMA IN PUBLISHING**　　　　　　　September 1996 – March 1997
**Bradford College, England**
Training in marketing, commissioning, desktop publishing, desk editing, print production, project management and product presentations. Special option in multimedia

**CERTIFICATE IN TEACHING GERMAN TO ADULTS**　　　　　　　　　　　August 1995
**Oppmann Language School, Frankfurt**
Intensive training in Teaching German as a Foreign Language to Adults

**ENGLISH LANGUAGE AND LITERATURE**　　　　　　　　August 1990 – September 1995
**(EQUIVALENT TO BA HONS, II i) University of Cologne**
Final year dissertation on Yeats and American Literature

**ABITUR (A-LEVELS)**　　　　　　　　　　　　　　　　　September 1980 – June 1989
**Karl-Schurz-Gymnasium, Cologne**
English (A), German (A), History (B), Biology (C)

## INTERESTS

- Member of Working Group for Education and Publishing
- Travel includes visits to Slovakia and Ghana, including four weeks teaching children in Ghana during my studies in 1994
- Voluntary work at Frankfurt Central Soup kitchen and Night shelter, serving food and talking to clients (1998 – 2000)
- Aqua aerobics and swimming
- The internet, particularly online bookshops

## REFERENCES

Mrs Dora Herzog
Marketing Director
Educational Publishing Division
FADA Verlag
Grafenstasse 15-20
6061 Frankfurt
Tel: 0049 69 1234567
Fax: 0049 69 4567890

Mr Justin Winter
Publishing Director
OEP Publishing
Butterfield Park Road
Oxford OX4 5TY
Tel: 01234 345678

## Zu den Unterlagen von Jens Vogelsang (Marketing in Großbritannien)

In der vorliegenden Anzeige wird ein handgeschriebenes Anschreiben, *handwritten cover letter,* mit Angabe des aktuellen Gehalts verlangt. Eine Schriftprobe wird nur sehr selten verlangt, z.B. wenn grafologische Untersuchungen vorgenommen werden sollen. Die Ergebnisse solcher Tests sind übrigens sehr umstritten. Wird ein handgeschriebenes Anschreiben gefordert, dann tippen Sie am besten den Brief mit dem Computer vor und schreiben Sie ihn danach in Ihrer schönsten Schrift ab. Zum *current salary statement* Folgendes: Durch die unterschiedlichen Steuer- und Sozialsysteme innerhalb Europas und in Übersee kann man kaum die heimischen mit amerikanischen oder britischen Gehältern vergleichen. Auch dies ist ein guter Anknüpfungspunkt für ein Sondierungsgespräch. Gehaltsfragen kann man am besten in einem Vorstellungsgespräch klären. Nun zur vorliegenden Bewerbung.

Herr Vogelsang hat einen eigenen kleinen Briefkopf entworfen und den **Cover Letter** mit der Hand geschrieben. Das Ganze sieht sehr professionell aus. In der vorliegenden Anzeige wird kein Ansprechpartner genannt, dennoch wird das Schreiben an den Personalchef mit Namen adressiert, sodass ein Sondierungsgespräch, in welcher Form auch immer, stattgefunden haben muss. Warum nicht der Inhalt dieses Gespräches als Einstieg in die Bewerbung gewählt wurde, ist nicht verständlich, insbesondere da die Einleitung wenig überzeugend ist. Besser hätte es Herr Vogelsang gemacht, wenn er die Anzeige in einer Betreffzeile erwähnt hätte, um das Anschreiben dann mit dem persönlich geführten Gespräch einzuleiten, z.B.:

»RE: Your advertisement for a Marketing Executive in the Guardian

Dear Mr. Sajita

Having talked to you about the marketing strategy for Exeter Publishing's new TEFL programme, I am very excited about the advertised position. I am keen to be involved in building the new division from the very beginning and I believe the prospects of the new business are excellent. I am convinced my skills would be ideally suited for this challenging position.«

Dieses Vorgehen wäre wesentlich persönlicher und auch überzeugender als ein Standard-Einstieg.

Im zweiten Teil des ersten Abschnittes stellt sich der Kandidat nun in zwei Sätzen kurz selber vor. Dies gelingt Herrn Vogelsang als Verkäufer in eigener Sache auch sehr gut und macht den Leser neugierig auf den Lebenslauf. Auch der darauf folgende Abschnitt ist recht gelungen. Hier geht der Kandidat sehr geschickt auf den anzugebenden Gehaltswunsch ein. Schließlich kündigt Herr Vogelsang ein weiteres Gespräch an, in dem er schauen möchte, welchen Eindruck seine Unterlagen gemacht haben. Dies ist ein vollkommen selbstverständliches Vorgehen im Bereich Marketing. Ein Marketing-Spezialist muss Produkte verkaufen können, und wenn er sich nicht selber verkaufen kann, was dann?

Der **Lebenslauf** bietet sich ebenfalls mit einem schönen und ansprechenden kleinen Briefkopf dar, der sich allerdings vom Cover Letter unterscheidet. Da die Anschrift im Cover Letter mit aufgenommen wurde, ist der Unterschied verzeihlich, macht aber gerade für einen Marketing-Fachmann keinen guten Eindruck. Besser ist es, den Briefkopf gleich zu belassen und die eigene Anschrift im Anschreiben über die Adresse des Adressaten zu setzen. Sehr schlecht: Nur auf dem ersten Blatt des CV steht der Name des Bewerbers. Da ist die Gefahr groß, dass etwas durcheinander kommt oder verloren geht. Besser ist es, auf jeder Seite des Lebenslaufes seinen Namen in der Kopf- oder Fußzeile anzugeben. Die Abkürzung DOB steht für Date of Birth.

Zum Inhaltlichen: Nach den persönlichen Angaben erfolgt eine Zusammenfassung der erworbenen Kenntnisse und Fähigkeiten in einer so genannten *Skills Summary.* Die Zusammenfassung soll die Fähigkeiten und

Kenntnisse auf den Punkt bringen und den Leser auf die einzelnen Positionen gespannt machen, in denen die Kenntnisse erworben wurden. Ein idealer Einstieg für einen mehrseitigen Lebenslauf. Der weitere Aufbau und auch der Inhalt des Lebenslaufes sind anschaulich gelungen. Für die ausgeschriebene Stelle ebenfalls sehr interessant ist die Tätigkeit als Lehrer, auch wenn diese nur wenige Monate dauerte. Zwischen 1996 und 1997 hat sich Herr Vogelsang beruflich neu orientiert und von der Schule ins Marketing gewechselt. Wäre der Berufswechsel in der jüngsten Vergangenheit vollzogen worden, hätte er im Anschreiben erklärt werden sollen.

Nach mehreren Jahren Marketingerfahrung machen der Wechsel und die dahinter stehende Motivation nur neugierig. Sehr gut ist die Auflistung der Referenzen.

### Einschätzung

Das Anschreiben könnte mit wenig Aufwand dynamischer wirken. Der Lebenslauf ist gelungen, aber mit leichten Formfehlern behaftet. Herr Vogelsang hat – insbesondere vor dem Hintergrund seiner Qualifikationen – sehr gute Aussichten, zu einem Interview eingeladen zu werden.

Klaus Maruzky • Hibbelsweg 78 • 80335 München
+44-89-000000 • Email: Kmaruzky@hotmail.com

---

March 15, 1998

Angela Eden
Personnel Director
Regent Hotels
101 Madison Avenue
New York 10314

Dear Ms Eden:

In the luxury hotel business, excellence in customer service sets you apart from your competitors. The high standards of Regency Hotels in this area are known the world over. After four years of providing outstanding customer service in the five-star Navos Hotel in Munich and Berlin, I believe my experience and qualifications would be of interest to your organization and I would like to enquire about possible opportunities in the new Regency Hotel in New York. I have enclosed a summary of my qualifications and experience on my accompanying resume.

I would welcome the opportunity to meet with you to discuss how my experience could be of value to the Regency Hotel and I look forward to hearing from you soon.

Sincerely

*Klaus Maruzky*

Klaus Maruzky

Enclosure

Klaus Maruzky • Hibbelsweg 78 • 80335 München
+44-89-000000 • Email: Kmaruzky@hotmail.com

**OBJECTIVE: A customer service position in the hotel or leisure industry**

## SKILLS, KNOWLEDGE AND EXPERIENCE

**Food and Beverages:** Storage and monthly stock-taking, stock control, calculations and statistics for projecting consumption, book-keeping and calculating monthly income

**Events Management:** Coordination of departments involved in events, point of contact for seminar and conference delegates, booking, scheduling and costing of events including an international economic conference with 200 delegates and special security arrangements for VIP guests, liaison with members of the press, special promotional weeks

**Restaurant/Bar:** Banqueting service, management of breakfast service, bar and bistro management, staff supervision, excellent cocktail and wine knowledge

**Front Desk:** Reception duties, reservations, switchboard, cash and credit card transactions, concierge duties

**Communication Skills:** Good interpersonal skills, especially when dealing with difficult customers, able to resolve problems with tact and discretion

**Computer Skills:** Windows 95, Word, Excel, internet and email

**Languages:** Fluent German, excellent written and spoken English, good knowledge of French


## WORK HISTORY

*1997 – present*     **Assistant Manager, Bistro and Bar**
**Navos Hotel Munich (5 star, 156 rooms)**
Shift management of the Hotel Bistro, Lounge and Bar, supervising of service at banquets and large events

*1996 – 1997*     **Receptionist**
**Goss House Hotel, London, England**
Switchboard, reservations, reception, cash and credit card transactions, concierge duties

*1995 – 1996*     **Food and Beverage Trainee, temporary manager breakfast service**
**Navos Hotel Berlin (5 star, 240 rooms)**
Practical training in all aspects of hotel management

*1994 – 1995*     **Silver Service Waiter**
**Navos Hotel Berlin**
Restaurant and banqueting service, offered position as Food and Beverage Trainee

*1992 – 1995*     **Military Service, Officers Casino, Braunschweig**

Klaus Maruzky • Hibbelsweg 78 • 80335 München
+44-89-000000 • Email: Kmaruzky@hotmail.com

## QUALIFICATIONS

**1989 – 1992 Restaurant/Catering Trainee**
**Global Hotel Hamburg**
Three-year apprenticeship consisting of practical training and theoretical coursework supervised by the German Chamber of Commerce
Global Hotels, Hamburg

**1992 Trade exam in Catering**
**Chamber of Industry and Commerce, Berlin**

**Certified Wine Adviser**
Attended various training courses held by the German Institute for Fine Wines

## HONORS

*August 1993*
5th prize (Restaurant Trade) in *International Vocational Training/Youth Skills Olympics Competition* held in Tokyo, Japan

*October 1992*
Winner of *German Restaurant Trade Youth Trainee Championship*

*March 1992*
Silver medal in *Hamburg County Restaurant Trade Youth Trainee Championship*

## REFERENCES

*Dr Dirk Löterich*
*MD*
*Navos Hotels Munich*
*Effnerplatz 9*
*81234 Munich*
*Germany*

*Vanessa Ratton*
*Chief of Staff*
*Goss House Hotel*
*22-26 Essex Road*
*London N1 6EY*
*England*

## Zu den Unterlagen von Klaus Maruzky (Hotelgewerbe, USA)

Das **Anschreiben** ist kurz, kommt aber auf den Punkt und verfehlt daher die gewünschte Wirkung nicht. Kürzer ist oft besser, wie man hier sieht. Die Einleitung ist originell und sehr schmeichelhaft für den Leser. Herr Maruzky scheint seinen Job zu verstehen. Der einzige vorhandene Absatz neben der Verabschiedung liest sich rund und schlüssig. Auch das Layout ist gelungen. Schön wäre die Ankündigung eines Nachhakens.

Der **Lebenslauf** ist nach amerikanischer Art im Stil eines *Functional Resume* aufgebaut. Die Qualifikationen sind breit gefächert und übersichtlich sowie überzeugend präsentiert. Ein *Objective* wäre nicht nötig gewesen, da der Lebenslauf klar und fokussiert aufgebaut ist. Auf der anderen Seite hält sich der Kandidat mit dieser allgemein gehaltenen Formulierung bewusst alle Türen zu einem guten Job in dem neu eröffneten Hotel offen. Überzeugend ist auch die Überschrift *Honors*, das gefällt den Amerikanern besonders gut.

Mit den angegebenen *References* wird die Bewerbung rund.

**Einschätzung**

Gelungen!

# HELMUT GORNY

TURMSTRASSE 14 • 28307 BREMEN • GERMANY • +49 421 1234567 • EMAIL: HGORNY@ AOL.COM

October 21, 2001

Mrs Maria Newman
Director of Personnel
ACD & B Consulting and Management
113 Aruba Drive
Alamo
California 94000

Dear Mrs Newman:

I am very interested in the SAP Consulting position within the health industry that you advertised in the *New York Times*. I have been working as an SAP-Basis administrator at one of the biggest hospitals in Germany for over two years and am keen to progress my career further in this environment.

Relevant experience and knowledge includes:

- Five years' R/3 Basis experience

- In-depth knowledge of ABAP/4 and Informix database

- Various installations and maintenance of SAP R/3 systems within different environments

- Certified and experienced Unix administrator

- Familiar with working in an international environment

I would welcome the opportunity of a personal meeting to discuss how I can contribute to the further success of ACD & B.

In advance, thank you for your time and consideration.

Sincerely

*Helmut Gorny*

Helmut Gorny

Enclosure: Resume

# HELMUT GORNY

TURMSTRASSE 14 • 28307 BREMEN • GERMANY • +49 421 1234567 • EMAIL: HGORNY@ AOL.COM

## SKILLS SUMMARY

| | |
|---|---|
| SAP: | Basis, ABAP/4 |
| DATABASE: | INFORMIX |
| SOFTWARE: | HP-UX, C, JavaScript, SGML, HTML, INFORMIX-4GL |
| HARDWARE: | Unix, OS/2, Win 2000, 95, 3.11, NT |
| IT TOOLS: | ARIS-Toolset, MS-Project |

## PROFESSIONAL EXPERIENCE

**March 1998 – Present**     St Juergens Krankenhaus (Hospital), Bremen
**SAP Administrator**
- Implementation and administration of all areas of SAP R/3 4.5 B
- Leader of Basis team
- Further development and programming of R/3
- Administration and performance tuning of Unix System and Informix database

**January 1997 – February 1998**     Breussag AG (Steel Industry), Berlin
**SAP Contract Work**
- Implementation SAP R/3 4.0 B for five divisions in four countries (Germany, Belgium, France and Holland) at HP-UX central system
- Database administration INFORMIX 7.23
- Assisted in determining roles, policies and procedures for post-consulting management

**March 1996 – December 1996**     Sieberls AG (Food Industry), Berlin
**SAP Contract Work**
- SAP R/3 3.0 F
- Designed SAP interfaces
- Used UNIX scripting SAP interfaces

**May 1994 – March 1995**     Helmut's Fahrrad Shop, Berlin
**Owner and Manager**
- Managed all aspects of bicycle retail business
- Employed two full-time sales staff and a part-time mechanic

## EDUCATION

**May 1995 – February 1996**     TECHDA, Berlin
**SAP R/3 training**
Modules covered BC and ABAP/4

**September 1993 – March 1994**     TECHDA, Berlin
**Unix/C training**

**July 1986 – Aug 1993**     Cologne University
**MSc Mechanical Engineering (Diplomingenieur)**

## HOBBIES

Running marathons, the Internet, swimming and soccer

## REFERENCES

Available on request

## Zu den Unterlagen von Helmut Gorny (SAP/ERP-Beratung in den USA)

Das **Anschreiben** wirkt auf den ersten Blick sehr kurz, klar und übersichtlich. Die Formalien entsprechen dem Standard. Der Text ist recht einfach gehalten und Herr Gorny verwendet in der Einleitung und Verabschiedung Standard-Formulierungen. Es hat leider kein Telefonat stattgefunden. Allerdings werden in wenigen Sätzen die wichtigsten Punkte angesprochen. Die kleine Aufzählung macht neugierig auf den Lebenslauf mit der detaillierteren Darstellung der Fähigkeiten und Kenntnisse von Herrn Gorny. Insgesamt ein Anschreiben mit wenig Esprit und Zeichen von Individualität, aber kurz, klar und übersichtlich. Eine Kopiervorlage für alle, die Probleme beim Formulieren eines Anschreibens haben.

Der **Lebenslauf** ist ebenso wie das Anschreiben sehr knapp gehalten, kommt aber gleichfalls auf den Punkt, und die wichtigen Informationen werden geliefert. Der Kandidat benutzt nach der Darstellung seiner persönlichen Daten eine knappe Darstellung seiner Schlüsselkenntnisse (*Skills Summary*). Das Vorgehen, eine *Skills Summary* zu verwenden, bietet große Vorteile, wenn Bewerbungen eingescannt werden (vgl. Antje Karst, *scannable resume*, S. 72). Falls gescant wird, sollten die Überschriften jedoch nicht unterstrichen werden.

Danach erfolgt eine detailliertere Auflistung der Arbeitserfahrungen. Problematisch ist dieser Lebenslauf, weil der Erwerb einiger Kenntnisse nicht weiter erläutert wird und der Leser daher nichts darüber erfährt, wie stark oder schwach die einzelnen Fähigkeiten ausgeprägt sind.

Im Vorstellungsgespräch wird auf jeden Fall der Bruch im Lebenslauf hinterfragt, als der Kandidat sich selbständig im Fahrradgeschäft versucht hat.

### Einschätzung

Ein schlichtes, wenig individuelles Anschreiben ohne Schnörkel und Pep, aber mit klarer und knapper Aufzählung. Im Lebenslauf setzt sich dieser Eindruck fort. Die wichtigen Daten/Fakten werden klar und übersichtlich dargelegt.

# CARSTEN GOLDBACH

**━ ━ ━ ━ ━ ━ ━ ━ ━ ━ ━ ━ ━ ━ ━ ━ ━ ━ ━ ━ ━ ━**

EULENSTRASSE 44, 22765 HAMBURG, GERMANY          TEL: +49 40 12345678  EMAIL: GOLD@GMX.DE

May 17, 2001

Mr Philipp Miller
Communications Director
Education and Training Online
Penelope Buildings, 3rd Floor
Indianapolis IN 46254
Indiana

Dear Mr. Miller:

I was very excited to read in 'Internet today' that due to your recent merger with LMN Publishing PLC you are looking to expand your online presence with additional features such as online shopping and email promotions. Your website already has a very high profile and I'm certain that my skills in the field of website project management and hands-on programming and design can contribute significantly to enhancing your online profile and expanding your customer base. I have spoken to your secretary Mrs Hagman, who suggested that in the first instance I contact you in writing.

My most recent accomplishments as a website manager are:

- Researched and introduced ASP scripts to the GenerationX website, delegating the updating of the content of website pages to the relevant departments. This enabled me to spend more time on site development and strategy, resulting in a more customer-friendly website.

- Initiated recent 'Screensaver' campaign:
  Commissioned four international artists to design screensavers and publicized this in chain email. Logos and links to sponsors' websites were displayed next to download button and sponsors donated DM 0.20 to GenerationX every time a screensaver was downloaded. The campaign was featured in 'Online' and 'Marketing for tomorrow' magazines, was entered into this year's Marketing 2001 Awards and generated DM 10,000 within four weeks of running.

I will call you next week to talk about the opportunity of a face-to-face meeting to discuss how I can contribute to making your new website a success.

Sincerely

*Carsten Goldbach*

Carsten Goldbach

**CARSTEN GOLDBACH**

EULENSTRASSE 44, 22765 HAMBURG, GERMANY    TEL: +49 40 12345678   EMAIL: GOLD@GMX.DE

---

## RECENT WEBSITE MANAGEMENT EXPERIENCE

**GenerationX**
**Website Manager**
November 1997 - present  (Promotion first to temporary Website Producer, then promoted to permanent Website Manager)

**WWW.GENERATIONX.DE    WWW.GENERATIONXSPORTS.DE**

- Turned existing website around from pure information to campaigning, fundraising and merchandising tool
- Management of and final responsibility for GenerationX two websites
- Originated and developed 'Screensaver' campaign and sold idea to sponsors
- Set up strategic planning of comprehensive and coherent internet strategy organization wide to complement and enhance effectiveness of GenerationX PR, campaigning and marketing strategy
- Monitored performance of website and reduced response time to successes and failures
- Created website-user feedback program and ensured appropriate actions were taken to enhance ease of use, resulting in improved customer satisfaction
- Managed redesign of existing website: set up free pitches by reputable internet design agencies and managed redesign process through to on-target delivery of far superior product
- Managed budget and optimized return on website investment
- Chaired organizational website editorial board and implemented organizational objectives in line with website activity
- Set up networking group of website managers within the sector to discuss and find solutions to common problem areas
- Collaborated with internal Information Strategy Steering Group to ensure best use of new technologies
- Developed and implemented website guidelines to make website accessible to disabled users and evaluated feedback on changes from disabled users
- Lectured on 'Website Effectiveness: How to reach your customers' to corporate companies and at marketing seminars for new businesses
- Created of new pages, currently devolving responsibility of page upkeep to relevant departments to ensure effective and up-to-date communications
- Oversaw out-sourcing of online shop and credit card donation facility by external secure servers

### WEBSITE TOOLS

Hard coding in HTML
Macromedia Dreamweaver
Adobe Photoshop
Fireworks 2
Flash 4
Allaire Homesite 3 and 4
Implementation of basic CGI (PERL) scripts on UNIX-based web server
Implementation and modification of ASP scripts on NT IIS
Experience of both Macs and PCs

## PRIOR EMPLOYMENT HISTORY

**GenerationX**
**Customer Services and Database Executive**
March 1996 - October 1997

- Provided management information to fund-raising team
- Manipulated database to produce relevant information
- Created MS Access-based communication log to monitor client contacts from call centre
- Liaised with internal clients to identify their requirements for database and ensure effective long-term solutions

**Freenet PLC**
**Technical Support Representative**
January 1995 - February 1996

- Front End technical support for dial-up customers
- Solved customers' technical problems
- Worked with PCs and Macs using all common Internet applications

**Denick Telecommunications**
**Customer Services Executive**
January 1994 - December 1994

- Provided effective customer care via telephone, email, and postal correspondence
- Responsible for accurate data entry
- Contributed to new customer care program

### EDUCATION

**Bachelor of Arts (Vordiplom)**
**Wuppertal University**
January 1990 - December 1993
English and history

### REFERENCES

Klaus Wegener
PR Director
GenerationX
Groppenbrucher Strasse 45-49
22788 Hamburg
Germany
Tel: +49 40 34567890
Fax: +49 40 45678901

Frederik von Schaefen
Head of Customer Services
Freenet PLC
Doerwer Strasse 17
22555 Hamburg
Germany
Tel: +49 40 56789012
Fax: +49 40 78901234

**CARSTEN GOLDBACH**
▬▬ ▬▬ ▬▬ ▬▬ ▬▬ ▬▬ ▬▬ ▬▬ ▬▬ ▬▬ ▬▬ ▬▬ ▬▬ ▬▬ ▬▬ ▬▬ ▬▬
EULENSTRASSE 44, 22765 HAMBURG, GERMANY          TEL: +49 40 12345678  EMAIL: GOLD@GMX.DE

## RECENT WEBSITE MANAGEMENT EXPERIENCE

**GenerationX**
**Website Manager**

November 1997 – present (Promotion first to temporary Website Producer, then promoted to permanent Website Manager)

### WWW.GENERATIONX.DE   WWW.GENERATIONXSPORTS.DE

- Turned existing website around from pure information to campaigning, fundraising and merchandising tool
- Management of and final responsibility for both Generation X' websites
- Originated and developed 'Screensaver' campaign and sold idea to sponsors
- Set up strategic planning of comprehensive and coherent internet strategy to complement and enhance effectiveness of GenerationX PR, campaigning and marketing strategy
- Monitored performance of website and reduced response time to successes and failures
- Created website-user feedback program and ensured appropriate actions were taken to enhance ease of use, resulting in improved customer satisfaction
- Managed redesign of existing website: set up free pitches by reputable internet design agencies and managed redesign process through to on-target delivery of far superior product
- Managed budget and optimized return on website investment
- Chaired organizational website editorial board and implemented organizational objectives in line with website activity
- Set up networking group of website managers within the sector to discuss and find solutions to common problem areas
- Collaborated with internal Information Strategy Steering Group to ensure best use of new technologies
- Developed and implemented website guidelines to make website accessible to disabled users and evaluated feedback on changes from disabled users
- Lectured on 'Website Effectiveness: How to reach your customers', to corporate companies and at marketing seminars for new businesses
- Created new pages, currently devolving responsibility of page upkeep to relevant departments to ensure effective and up-to-date communications
- Oversaw out-sourcing of online shop and credit card donation facility by external secure servers

## WEBSITE TOOLS

Hard coding in HTML
Macromedia Dreamweaver
Adobe Photoshop
Fireworks 2
Flash 4
Allaire Homesite 3 and 4
Implementation of basic CGI (PERL) scripts on UNIX-based web server
Implementation and modification of ASP scripts on NT IIS
Experience of both Macs and PCs

## PRIOR EMPLOYMENT HISTORY

**GenerationX**
**Customer Services and Database Executive**
March 1996 – October 1997

- Provided management information to fund-raising team
- Manipulated database to produce relevant information
- Created MS Access-based communication log to monitor client contacts from call centre
- Liaised with internal clients to identify their requirements for database and ensure effective long-term solutions

**Freenet PLC**
**Technical Support Representative**
January 1995 – February 1996

- Front end technical support for dial-up customers
- Solved customers' technical problems
- Worked with PCs and Macs using all common Internet applications

**Denick Telecommunications**
**Customer Services Executive**
January 1994 – December 1994

- Provided effective customer care via telephone, email, and postal correspondence
- Responsible for accurate data entry
- Contributed to new customer care program

## EDUCATION

**Bachelor of Arts (Vordiplom)**
**Wuppertal University**
January 1990 – December 1993
English and History

## REFERENCES

Klaus Wegener
PR Director
GenerationX
Groppenbrucher Strasse 45-49
22788 Hamburg
Germany
Tel: +49 40 34567890
Fax: +49 40 45678901

Frederik von Schaefen
Head of Customer Services
Freenet PLC
Doerwer Strasse 17
22555 Hamburg
Germany
Tel: +49 40 56789012
Fax: +49 40 78901234

## Zu den Unterlagen von Carsten Goldbach (Website Management in den USA)

Der Einstieg in das **Anschreiben** ist bemerkenswert und zeugt von sehr viel Enthusiasmus und Interesse an der angeschriebenen Firma. Dabei wirkt es sehr professionell, dass in der Einleitung LMN Publishing im Mittelpunkt steht und die Betonung nicht auf den Interessen der eigenen Person liegt. Gelungen ist auch der Übergang zur Selbstpräsentation, indem das Gespräch mit der Sekretärin erwähnt wird.

Die Darstellung der eigenen Fähigkeiten anhand von zwei ausgewählten und herausragenden Leistungen ist ebenfalls sehr geschickt. Herr Goldbach beachtet außerdem, dass im englischsprachigen Raum das Komma und der Punkt bei der Dezimalschreibweise der Zahlen umgekehrt verwendet werden: Mit einem Komma werden die Tausender getrennt und mit dem Punkt die Nachkommabeträge.

Der Schlusssatz des Anschreibens ist eher eine Standard-Verabschiedung, aber es wird noch ein Nachfassen angekündigt. Im Ganzen ein sehr souveränes Anschreiben.

Der **Lebenslauf** fällt zunächst durch sein außergewöhnliches Layout auf. Ein DIN-A3-Bogen wird in der Mitte gefaltet und so entsteht eine DIN-A4-Mappe mit vier Seiten. Ein solches Vorgehen hat sich in den USA weitgehend durchgesetzt. Auch in anderen englischsprachigen Ländern scheint sich die Vorstellung, wie eine Bewerbung auszusehen hat, zu lockern. Neben dem außergewöhnlichen Layout verwendet Herr Goldbach auch noch hochwertiges, dezent gefärbtes und marmoriertes Papier. Die erste Seite dient als Deckblatt mit der eigenen Anschrift und eventuell der angestrebten Position. Seite zwei, drei und vier sind für den Resume vorgesehen. Die vierte Seite kann aber auch für Referenzen genutzt werden, oder sie bleibt, wie im vorliegenden Fall, einfach frei. Wichtig: Die Gestaltung einer Mappe lohnt sich nur für einen mindestens zweiseitigen Resume.

Inhaltlich hat uns der vorliegende Resume ebenfalls sehr angesprochen. Es handelt sich um einen chronologischen Lebenslauf, wobei deutlich wird, dass Herr Goldbach einen Berufswechsel vorgenommen hat. Dieser wird im Lebenslauf sehr transparent dokumentiert. Der Fokus liegt ganz klar auf der letzen Position, welche auf einer eigenen Seite und sehr detailliert dargestellt wird. Die weiteren Tätigkeiten vor dem Berufswechsel finden entsprechend weniger Raum. Durch den Aufbau des Resumes geht somit klar hervor, in welche Richtung sich der Kandidat beruflich weiterentwickeln möchte. Die Angabe eines *Career Objective* ist überflüssig.

Auch gut hat uns gefallen, dass Herr Goldbach in einem eigenen kleinen Absatz darstellt, mit welchen Werkzeugen er sich im Bereich der Internetpräsentation auskennt.

### Einschätzung

Eine sehr gelungene Bewerbung. Herr Goldbach hat beste Aussichten, eine ansprechende Position in dem gewünschten Bereich zu finden.

**HARTMUT KLINGE, GODENHEIDE 7, 44357 DORTMUND
TEL: +49 231 334567, EMAIL: HATTI@GMX.DE**

Mr Peter Wilson
Linet Computer Recruitment
The Old Steine
Brighton BN4 5TY

24 April 2001

Dear Mr Wilson

I have seen adverts from your agency in 'Computer Weekly' and 'IT Specialist' magazines and spoke to your colleague Ms Miller last week regarding an advert for a Support Specialist in Brighton. Ms Miller told me the advertised position had been filled, but suggested that I send in my CV in case a suitable position became available in the future.

As you can see from my enclosed CV, my main experience lies in the areas of AIX/SP2 support and I would be looking forward to build on my skills in this area. I would like to work within commuting distance from Brighton and hope you will have a suitable position available in the near future.

Please do not hesitate to contact me should a suitable vacancy arise, or if you have any further questions about my CV.

Yours sincerely

*Hartmut Klinge*

Hartmut Klinge

# CURRICULUM VITAE

## PERSONAL DETAILS

Name: Hartmut Klinge
Address: Godenheide 7
44357 Dortmund
Tel: +49 231 334567
Email: Hatti@gmx.de
D.O.B: 6 May 1970

## EMPLOYMENT

**AIX/SP2 SUPPORT SPECIALIST**
**Harmann Systems Support, Duisburg**
**January 1999 – present**

My role in this position involved providing support to a number of customers throughout Germany, running a variety of RS/6000 and AIX systems and covering a number of sectors from the retail to the travel industry.

**Support covered all aspects of AIX including:**
- New installations
- Migrations
- Y2K upgrades
- Disaster recovery
- Networking problems
- SP/2 installations and migrations

I have gained my SP/2 certification during the course of this employment.

**AIX/SP2 SUPPORT SPECIALIST**
**Alpha Food and Wine, Essen**
**October 1997 – December 1998**

My main responsibility in this role was to support a new POS system that was in the process of being introduced to over 400 sites. The support structure revolved around a 24-hours a day manned operation consisting of four teams of support specialists. I was a team leader of one of these teams. The new POS system involved an IBM RS/6000 at each site along with PC Servers and POS clients.

**Support involved:**
- Supporting the RS/6000s and AIX at each site
- Supporting applications and shell scripts running on AIX which controlled the back office operation
- Supporting the mission critical software on the POS servers which controlled the front end operation

**AIX SUPPORT SPECIALIST**
Gamma Systems, Bielefeld
November 1995 – October 1997

My main role in this position was to support Gamma's wide range of AIX customers in Germany. These included a number of large banks and retail houses whose systems ranged from SMP machines to SP/2s as well as many smaller customers running on all varieties of RS/6000 systems.

**Areas of Expertise:**
- AIX v3.2, v4.1 and v4.2 basic operating system
- Communications: TCP/IP, NFS, routing
- Network and performance problem determination
- General system problem determination
- System disaster recovery
- Printer configuration and troubleshooting
- System installation, configuration and maintenance
- AIX connections (NETBIOS and IPX/SPX for AIX)
- Internet: firewall, web servers, DNS
- RS/6000 hardware, SP/2, RAID, SSA disk systems

I gained my AIX Advanced Technical Expert certification during the course of this employment.

# COURSES

AIX User
AIX Administration
AIX Advanced Administration
TCP/IP Administration and Configuration
SP/2 Implementation and Planning
SP/2 Advanced Administration
HACMP Installation and Planning

# CERTIFICATIONS

**IBM Certified:**

- SP/2
- AIX Advanced Technical Expert
- AIX V4.2 Administration
- AIX V4.2 Installation and Recovery
- AIX V4.2 Problem Determination
- AIX V4.2 Performance and System Tuning

# EDUCATION

**MARBURG UNIVERSITY**
September 1989 – July 1995

**Diplom in Computer Science (equivalent to Master's Degree)**

**Vordiplom in Computer Science (equivalent to Bachelor's Degree)**
Studies included economics as second subject

## Zu den Unterlagen von Hartmut Klinge (IT-Support in Großbritannien)

Herr Klinge bewirbt sich bei einer Arbeitsvermittlung um eine seinen Qualifikationen entsprechende Position. Für diese Art der Bewerbung ist das **Anschreiben** sehr sinnvoll.

Die Einleitung ist höflich und formvollendet. Im zweiten Absatz stellt Herr Klinge seine Wünsche hinsichtlich der Beschäftigung dar. Für die Bewerbung bei einem Arbeitsvermittler ist dieses Vorgehen sehr wichtig. Herr Klinge möchte nur ausgewählte Angebote erhalten. Auch das ist ihm durchaus gelungen und bei seinen Qualifikationen ist klar, dass er ein heiß begehrter Kandidat ist.

Den Lebenslauf und auch das Anschreiben in leicht geänderter Form (die Einleitung betreffend) wird Herr Klinge an mehrere *recruitment agencies* verschicken können, was die Chance erhöht, den gewünschten Job zu bekommen.

Der **Curriculum Vitae** ist ein gutes Beispiel für einen erfolgreichen chronologischen Aufbau. Er ist übersichtlich und verdeutlicht gut die Tiefe des vorhandenen Wissens. Der *Master of Computer Science* lässt auf ein umfassendes theoretisches Hintergrundwissen schließen.

Es fehlen die *References*.

### Einschätzung

Rundherum gelungen.

# Johannes Grau

Vogelstrasse 14 · 69126 Heidelberg · Germany · Telephone +49 1234 123456 · e-mail jgrau@gmx.de

**FAO: Davina Grayport**

30 March 2001

Following our conversation this morning, please find enclosed my application for the position of Senior Analyst Programmer.

Sincerely,

*Johannes Grau*

Johannes Grau

# With compliments

# Johannes Grau

Vogelstrasse 14 · 69126 Heidelberg · Germany · Telephone +49 1234 123456 · e-mail jgrau@gmx.de

## Employment History

**June 2000 – present**
**Analyst Programmer**
Tako Lebensmittel, Heidelberg

- Maintenance of Tako's food warehouse tracking system, creation of new forms and reports, performance tuning.
- Designing Oracle data-warehousing solution for analysis of financial information incorporated with current financial software.

**March 1999 – May 2000**
**Senior Software Engineer**
German Radar Systems (GRS), Frankfurt

- Created Oracle Developer/2000 Fault Recording and Corrective Action System to enable controlled development of radar systems. This allowed engineers to trace pattern faults to specific hardware.
- Responsible for co-ordinating export of data to European partner companies and the realignment of imported data with master database.
- Co-ordinated departmental Y2K upgrade and supervision of contractors.

**April 1998 – May 1999**
**Technical Consultant**
Fasola Systems, Frankfurt

- Responsible for designing and implementing food-tracking system for Gaso Supermarkets and integrating this with overall information system designed in Oracle and Visual Basic.
- Created ConText solution for textual information storage and retrieval system.
- Designed database software to provide electronic method of auditing store information and providing automatic document creation.
- Carried out user training.

**Nov 1996 – March 1998**
**Test Engineer**
ITSO Telecommunications, Cambridge

- Testing of low-level telecommunication modules.
- Repair of various telecommunication sub-assemblies.

**Sept 1992 – Sept 1996**
**Electronic Engineer**
German Radar Systems (GRS), Frankfurt

- Design of high-speed analog and digital test equipment.
- Test and repair of radar sub-assemblies.

## Academic History

**Sept 1997 – Sept 1998**  
**MSc Information Technology (Systems & Software)**  
**Cambridge University**

**Subjects:**
- Pascal Programming
- Computer Systems
- Information Systems
- Object Orientated Design and Programming (Java)
- Systems Analysis and Design
- Software Design and Implementation
- Relation Database Management Systems (RDBMS)
- Operating Systems
- Microcomputer Interfacing and C
- Human Computer Interaction

**Project**
- Website design for European Museums Association (EMA)
- Online database for European Museums Association (EMA)

**Sept 1992 – June 1996**  
**BSc Electrical and Electronic Engineering (with distinction)**  
**Frankfurt University**

**Aug 1985 – June 1992**  
**High School Diploma (German Abitur)**  
**Heinrich Heine High School, Frankfurt**

Final exams in: Maths, English, Physics, History [BBBC]

## Computer Skills

**Languages:** Java, C, Pascal, PL/SQL, HTML  
**Operating Systems:** Windows (95/98/NT), MacOS, Unix  
**Applications:** Oracle (Developer 2000, Designer, Discoverer), Word, Access, Excel, PVCS, TOAD, Macromedia Flash

## Hobbies

Member of Heidelberg Amateur League Basketball Team, hiking, rock-climbing

**References available upon request**

## Zu den Unterlagen von Johannes Grau (Programmierung in den USA, *scannable resume I*)

Anstelle eines langen **Anschreibens** verschickt der Kandidat einen *compliment slip* per Fax. Beim Faxen von Bewerbungen ist die Verwendung von *compliment slips* anstelle eines normalen Anschreibens im angloamerikanischen Raum ein durchaus übliches Vorgehen. Ein *compliment slip* ist ca. 1/3 DIN A4 groß und standardmäßig mit einem eigenen Briefkopf (mit kompletter Anschrift inkl. Telefonnummer etc.) sowie der Zeile »With compliments« versehen. Auf dem noch zur Verfügung stehenden Raum finden nur noch der Name des Ansprechpartners und ein oder zwei Sätze Platz, um auf ein zuvor geführtes Telefonat oder Ähnliches zu verweisen.

Bei dem **Lebenslauf** handelt es sich um einen chronologischen Resume mit vielen grafischen Elementen. Der Aufbau ist durchaus gelungen und übersichtlich. Allerdings wird der vorliegende Lebenslauf von dem Arbeitsvermittler eingescannt. Dieses Vorgehen ist immer häufiger zu beobachten. Vor allem Arbeitsvermittlungen, aber auch große amerikanische und britische Firmen benutzen dieses Hilfsmittel. Der Computer erkennt beim Einscannen bestimmte Schlüsselworte und ordnet diese dem Kandidaten in einer Datenbank automatisch zu. Scanner sind darauf programmiert, nach aufgelisteten Begriffen zu suchen. Sie erkennen keine Umschreibungen. Von moderner Software werden nicht nur fachliche Qualifikationen wie z. B. *MBA, Retail, Sales, Customer Services, Microsoft Office 97, C++, Unix, Member of Yachts International* erkannt. Es lohnt sich auch, »weiche« Schlüsselbegriffe wie *outgoing personality, teamplayer, self-motivated* anzugeben. Bezüglich der fachlichen Qualifikationen gilt es, möglichst viele und eindeutige Begriffe aufzuführen, denn Ihr Ziel ist es, dass Ihre Bewerbung einem bestimmten gewünschten Stellenprofil in der Datenbank zugeordnet wird. Es hat sich sehr bewährt, unter einer einleitenden Überschrift wie etwa *Skills Summary* die wichtigsten Schlüsselbegriffe aufzulisten.

Deshalb sollten Sie in Ihrem Sondierungsgespräch erfragen, ob die Bewerbungen eingescannt werden. Für diesen Fall lohnt es sich, einen Resume anders aufzubauen, damit der Computer unmissverständlich mit den richtigen Schlagworten gefüttert wird. Das Scannen von Anschreiben ist übrigens unüblich.

Wird man Ihren CV einscannen, sollten Sie unbedingt Folgendes beachten:

- Benutzen Sie unbedingt weißes Papier;
- bedrucken Sie dieses nur einseitig;
- verwenden Sie am besten einen Laserausdruck mit einem klaren, schnörkellosen, gut lesbaren Schriftbild, bei dem das »r« nicht den nächsten Buchstaben berührt und somit vom Scanner nicht fälschlicherweise als »n« interpretiert werden kann (Times New Roman, Courier, Helvetica, Futura o. Ä.);
- die Schriftgröße sollte mindestens 10 Punkt betragen;
- für Überschriften können Sie fette Schriftzeichen, Großbuchstaben oder einen größeren Schriftgrad wählen;
- benutzen Sie keine Sonderzeichen oder Kästchen, Symbole o. Ä. für Aufzählungen oder Markierungen;
- benutzen Sie keine Tabellen oder zwei-/mehrspaltigen Text (die Scannersoftware kommt damit nicht klar!);
- halten Sie das Design des Lebenslaufes möglichst einfach;
- Name und Anschrift gehören oben auf jede Seite des CV. Schreiben Sie Ihre Adressangaben entweder untereinander oder aber mit genügend Zwischenraum (ca. vier bis sechs Leerzeichen);
- der Lebenslauf wird nicht geheftet oder gelocht.

Die Probleme des vorliegenden Lebenslaufes im Einzelnen:

- Es werden zu viele grafische Elemente verwandt, die für das menschliche Auge zwar schön sind, für einen Scanner aber unlösbare Probleme darstellen.
- Die Schrift ist recht gut gewählt, könnte aber klarer sein. Bei Lebensläufen, die definitiv gescannt werden, sollte man auf ein allzu tolles Layout verzichten und klassische Schriften wie Times New Roman oder Courier verwenden.
- Der Briefkopf ist in verschnörkelter Schrift dargestellt und fehlt auf der zweiten Seite.
- Grau hinterlegte Schrift ist für das Scannen völlig

ungeeignet. Die unter *Subjects* und *Computer Skills* genannten Schlagwörter sowie die Jahreszahlen können nicht erfasst werden.
- Jahreszahlen wurden untereinander und nicht nebeneinander geschrieben.
- Der Kandidat verwendet Sonderzeichen für die Aufzählung.
- Schließlich werden die *Subjects* zweispaltig dargestellt, auch hiermit hat der Computer seine Schwierigkeiten.

Darüber hinaus sollte man bedenken, dass die Amerikaner eine eigene Standardgröße für Briefe haben. Diese unterscheidet sich vom DIN A4 dadurch, dass sie ein wenig kürzer und breiter ist. Achten Sie somit bitte darauf, dass keine wichtigen Begriffe unten auf dem Bogen stehen. Die genauen amerikanischen Standardmaße betragen: (B) 215,9 mm x (H) 279,4 mm anstelle von (B) 210 mm x (H) 297 mm (DIN A4).

**Einschätzung**

Ein recht anschaulicher Lebenslauf aus der Sicht eines Personalers, aber für den Scanner eine kleine Katastrophe. Wird ein gefaxter Lebenslauf eingescannt, dann sollte dieser unbedingt noch einmal per Post eingesandt werden, da die Druckqualität eines Faxes oft zu wünschen übrig lässt.

# ANTJE KARST

Auf dem Hopfen 14
22765 Hamburg
Tel: +44 40 1234567
email: ak@debitel.net

## SKILLS SUMMARY

Oracle 8, Developer 2000, Designer 2.1, SQL, PL/SQL, Forms 5.0, Reports 3.0, TOAD
COBOL, CICS, DB2, RPG/AS400, Microsoft Office.
Excellent communication skills, good teamworker, self-motivated.

## EMPLOYMENT HISTORY

**ANALYST PROGRAMMER**
**IT SOLUTIONS GMBH, HAMBURG**
**Jan 1998 to present**

Used Willow, an ERP solution for the vehicle leasing industry using Oracle 8, Developer and Designer tools, and gained in-depth understanding of Willow database.
Utilised and improved my Oracle skills in preparation for working on implementation sites.
Developed reports using Reports 3.0 and generated basic forms using Designer 2.1.2 and Forms 5.0. Developed reports and parameter forms for Willow.
Developed PL/SQL scripts to convert data from the existing system into the Willow database.
Repaired and developed enhancements to database and forms to meet customer specifications.
Liaised with the client in order to gain an understanding of the existing database.

**ERGONOMICS CONSULTANT**
**ERGONOMIC SOLUTIONS GMBH, BIELEFELD**
**Jan 1995 to Dec 1997**

Worked for the largest ergonomics consultancy in Europe, dealing specifically with ergonomics in transport, industry and consumer goods. Involved in both long-term research projects and short-term consultancy work to enhance the safety, comfort and performance of the relevant project areas.

Demonstrated excellent organisational, time management and interpersonal skills. Projects required accurate and meticulous planning as well as continuous and effective liaison with clients, users and the general public to ensure that deadlines were met and research data was accurate. Enabled me to become involved in litigation where I was required to aid ergonomists, acting as expert witnesses, to investigate the claims of both plaintiffs and defendants.

# ANTJE KARST – PAGE TWO

**TRANSMISSION ENGINEER**
**BIELEFELD TELECOMS, BIELEFELD**
**Jan 1984 to Dec 1991**

Initially employed to do a three-year apprenticeship covering a cross-section of engineering practices, including in-house courses. Permanent employment offered after successful completion of the apprenticeship. Specialised in outside broadcasting. Duties included installation and maintenance of video and audio transmission networks for all major media companies to meet broadcasting deadlines. Also involved in the daily control of the national TV network, responsible for setting up transmission paths, both nationally and internationally as well as maintaining the transmission quality of these paths.

A large part of my work was project based. This taught me the importance of teamwork and was further reinforced by group work undertaken at university. It was important to communicate at all levels to ensure good co-ordination of resources and effective problem solving.

## FURTHER TRAINING

**BIELEFELD UNIVERSITY, BIELEFELD**
**1999**
Oracle Application Development
Pl/Sql, Forms 4.5, Reports 2.5, SQL*Plus, SQL*Loader

## EDUCATION

**BSc HONS 2.1 INFORMATION TECHNOLOGY**
**BIELEFELD UNIVERSITY, BIELEFELD**
**1991 to Dec 1995**

My main field of study was Information Technology and Human Factors.

## Zu den Unterlagen von Antje Karst (Programmierung in Großbritannien, *scannable resume II*)

Die Bewerberin verschickt ihre Unterlagen per E-Mail. Das ist in der heutigen Zeit ein ganz normaler Vorgang (vgl. Verschicken der Unterlagen, S. 117): Der Lebenslauf wird als Attachment an die E-Mail gehängt. Hieraus ergibt sich ein relativ großer gestalterischer Spielraum. Auch in diesem Fall wurde in einem Sondierungstelefonat neben weiteren Informationen herausgefunden, dass der Lebenslauf eingescannt wird.

Die E-Mail ist wie ein ganz normales **Anschreiben** zu betrachten. Im vorliegenden Fall ist sie sehr kurz und wenig informativ gehalten.

Beim Verschicken von geschäftlichen E-Mails ist das Ausfüllen der Betreffzeile ein Muss. Die Kandidatin benutzt sie, um ihr Anliegen und den Adressaten der E-Mail zu benennen (F.A.O. heißt »For the Attention Of«). Im eigentlichen Text der E-Mail beschreibt die Kandidatin noch einmal mit einer sehr persönlichen Einleitung ihr Begehren. Die Anrede des Gegenübers mit Vornamen wird im gesamten angloamerikanischen Raum wesentlich lockerer gehandhabt als bei uns. Hat man sich am Telefon schon beim Vornamen genannt, kann auch die Anrede im Anschreiben so erfolgen. Aber Vorsicht, zu salopp sollte man nicht formulieren. Auch bei der E-Mail hat das Anschreiben die Funktion, neugierig auf den Lebenslauf zu machen. Dabei geht die Kandidatin mit der Präsentation der eigenen Fähigkeiten und Kenntnisse recht sparsam um. Erst im vorletzten Satz erfährt der Leser etwas über den Schwerpunkt ihrer Arbeit, der Datenbankentwicklung. Sehr überzeugend wirkt dagegen der Verweis auf das am Vortag geführte Sondierungsgespräch sowie das angekündigte Nachhaken.

Frau Karst hat ihren **Lebenslauf** in zwei unterschiedlich gespeicherten Versionen an die E-Mail gehängt. Das wirkt sehr professionell, weil der Leser unabhängig von der von ihm benutzten Schreibsoftware immer die Version des *plain text format* öffnen und ausdrucken kann. Die Gestaltungsmöglichkeiten eines Textes in diesem Format sind allerdings stark eingeschränkt, so kann z.B. kein eigener Briefkopf entworfen werden. Hier liegen die Stärken der Version des in Word 2000 abgespeicherten Lebenslaufes.

Die Datei, in der der Lebenslauf gespeichert ist, öffnet sich per Doppelklick auf das Attachment und wird ebenso wie im vorherigen Beispiel ausgedruckt und dann gescannt.

Im Gegensatz zum vorherigen Beispiel von Johannes Grau ist das Layout grafisch sehr nüchtern und einfach gehalten. Es wurde eine schlichte Schrift gewählt, die Überschriften durch einfachen Fettdruck mit einer größeren Schrift hervorgehoben und keine Aufzählungszeichen verwendet. Der Name von Frau Karst taucht auf beiden Seiten des Lebenslaufes auf, allerdings fehlt die Adresse. Der Computer kann so die beiden Seiten klar zuordnen. Der Resume beginnt mit einer Aufzählung der Schlüsselqualifikationen, *Skills Summary*, welcher fast alle wichtigen Schlüsselbegriffe (auch so genannte *soft skills*) genannt werden. Allerdings erhält der Leser im folgenden Text nicht immer weitere Angaben über die aufgeführten Kenntnisse oder über deren Ausmaß. Dennoch tut Frau Karst sehr gut daran, eine solche Aufzählung vorzunehmen, weil der Computer so ihre Kenntnisse speichert und sie automatisch in die gewünschte Schublade rutscht. Der vor kurzem stattgefundene Berufswechsel von der ergonomischen Beraterin zur Datenbankentwicklerin wird dadurch neutralisiert. Allerdings hat uns die Darstellung des erst in jüngster Zeit stattgefundenen beruflichen Wechsel nicht gut gefallen. Frau Karst geht auch in ihrer E-Mail nicht darauf ein. Weitere nicht nachvollziehbare Sprünge schließen sich an. 1984 bis 1991 machte sie eine Ausbildung zur Übertragungstechnikerin, dann folgt ein nach dem Vordiplom abgebrochenes Studium der Informationstechnologie und die Beschäftigung als ergonomische Beraterin. Mit einem funktionell ausgerichteten Aufbau des Lebenslaufes, ähnlich der überarbeiteten Version der Sekretärin Sabine Schulz auf S. 25 mit den *Achievements* hätte Frau Karst die Möglichkeit, einen roten Faden in ihrem Lebenslauf zu spinnen.

### Einschätzung

Die modernste Art, seine Bewerbung zu verschicken. Das Anschreiben könnte aussagekräftiger sein. Der Lebenslauf braucht einen roten Faden. Vom optischen Aspekt her keine Schönheit, aber für einen Lebenslauf, der eingescannt wird, genau richtig.

# Find creative solutions to communication issues

# Design Manager

## Central London £25,800 pa

As the UK's leading charity working on behalf of homeless and badly housed people, HAB produces a variety of imaginative publications, information literature and other materials to support its nationwide campaigning, advice and fundraising activities. Join us as Design Manager and you'll play a vital role in ensuring our published materials make a powerful visual impact.

Managing the in-house design and print purchasing team, you'll be responsible for maintaining and developing HAB's corporate identity and for co-ordinating the production of high quality, cost-effective materials. You'll also contribute to website design, commission and brief external designers, editors and photographers, provide professional advice and manage a substantial annual budget.

To succeed, you'll need at least two years' experience of overseeing an extensive publi-shing programme, including a year managing and developing staff. Your proven ability to review and improve design standards will be matched by an excellent knowledge of DTP, print processes and design software and an understanding of web design. Outstanding client liaison, negotiation and budget control skills will also be essential along with the ability to deliver a diverse range of projects on schedule and within budget.

We offer good conditions of service including a contributory pension scheme and 28 days annual leave.

HAB challenges discrimination in all areas of its work and employment practices.

For an application pack please telephone: 0207 123 4567 (24-hour answerphone) quoting reference 1234, the job title and where you saw this advertisement. Application packs are available in different formats. Closing date: 28 November 2000. Interviews: w/c 15 December. To find out more about HAB, visit our website at: www.hab.org.uk

**Person's specification**

1. A minimum of one years' experience of managing staff, with experience of effective team building.

2. A minimum of two years' experience of managing a substantial publishing programme.

3. Proven ability to comment on and improve upon design.

4. Excellent technical knowledge of DTP and print processes including an understanding of the potential advantages and disadvantages of the world wide web.

5. The ability to use word processing and spreadsheet packages and design software including QuarkXpress, Adobe Illustrator and Photoshop.

6. Proven ability to draw up and monitor plans and budgets.

7. Ability to mark up and proove copy with accuracy and attention to detail.

8. Ability to liaise and negotiate with a wide range of people both externally and internally, including editors, designers, printers and photographers.

9. Excellent client liaison skills including the ability to assist non-technical staff to develop appropriate design briefs to meet their publishing requirements.

10. Proven ability to prioritise workload and meet deadlines.

11. Understanding of project management processes and techniques.

12. Understanding of and commitment to HAB's equal opportunities policy.

# Application Form

▶ *with guidelines*

> Please forward **4 copies** of your application to:
> HAB
> HR Department
> 18 Lever Street, London
> N7 2JH

▶ You should attempt to answer all relevant questions as fully as possible.

▶ It is strongly recommended that you read the guidelines.

## 1 Personal Details

Full title of post(s) for which you are applying: *Design Manager*

Location: *London*

Surname: *Goldmann*  Initials: *F.*

Address for correspondence: *Auf dem Brauck 17, 44357 Dortmund, Germany*

☎ Day: *0049 231 123456*  ☎ Evening: *0049 231 456789*

▶ *If we need to telephone you at your place of work, we will not identify in any way who we are or why we are calling.*

Dates you are not available for interview: *21 December to 27 December 2000*

▶ *Please let us know of any dates you could not attend for interview within the forthcoming month.*

▶ *NB: We cannot guarantee to interview you if you cannot make the specified date.*

If successful, how soon would you be able to start? *One month's notice required*

## Guidelines: Sections 2-5

▶ Sections 2-5 provide the information on which we decide whether or not to invite you for interview. It is therefore important that you complete all sections fully. You should read the accompanying job description and Person Specification and consider carefully whether your experience matches what we are looking for. If you require additional space, please use a separate piece of paper.

## 2 Education and Training

▶ Please tell us about the education, qualifications and training relevant to the advertised post.

▶ It is not necessary to list every GCSE/A etc... you have received, e.g. 6 GCSEs, 2As is sufficient but you may wish to highlight any which are particularly relevant to the post. (English examples have been used but qualifications gained in any country are equally acceptable.)

▶ Please also list any training you have received or are currently undertaking which did not lead to a qualification but which you feel is relevant to the advertised post.

| Subjects | Course Provider | Level/Qualification | Date gained |
|---|---|---|---|
| English, Music, Biology and Sociology | Elenore von Freiherr Gymnasium, Dortmund, Germany | German 'Abitur' (equivalent to A-levels) | 8/77 – 6/86 |
| Graphic Design | Dortmund University, Germany | German 'Diplom' (equivalent to BA Degree) | 8/86 – 7/91 |
| Photography (evening classes) | Creative Visions, Dortmund | Beginner and Intermediate | 92/93 |
| Website Design (evening classes) | Design Academy, Duisburg | Basic, Intermediate and Advanced | 97/98 |
| Facilitating meetings | Deuta-Training, Essen | 2-day course | 23/7/98 – 24/7/98 |
| Time Management | Deuta-Training, Essen | 1-day course | 11/12/98 |

## 3 Current Experience

▶ You should include details of your current or most recent employment.

▶ It will be sufficient to detail the main duties and responsibilities of your post.

Name and address of employer: Landesbildungszentrale, Schlagstrasse 27-29, 44357 Dortmund, Germany

Position held: Senior Designer

Dates employed: November 1998 to present

*continued*

*Current Experience continued*

Brief outline of duties and responsibilities: Designing a wide range of materials, mainly for print, including posters, leaflets, folders, fundraising packs and exhibition boards. Art-directing photography and illustration. Working within corporate identity guidelines and occasionally advising other departments on house style. Taking briefs and following jobs through to final print. Project-management of external design projects in absence of Design Manager. Supplying Website Manager with more complex graphics such as maps and PDFs.

Present salary: £ 24,000

Reason for leaving: N/A

## 4 Other Experience

▶ If you are not currently in paid employment, please use a separate piece of paper to tell us what you are presently doing. For example, you may be in voluntary employment or studying or unemployed or working in the home, etc. This section should be used to tell us about relevant previous experience whether from employment, voluntary work, studying, etc.

▶ Much of what you do now may be relevant to the advertised post, even if it is not paid employment. Please ensure that you tell us about it.

| Name and Address of Organisation + Dates | Brief Description of Duties and Responsibilities |
| --- | --- |
| Vereinigte Hilfswerke, Bodengasse 6, 44357 Dortmund, Germany (9/94 – 10/98) | Graphic Designer. Designing a varied range of materials, mainly for print for all departments within the organisation |
| ABA Advertising Lapersie Strasse 34 44567 Dortmund (1/94 – 8/94) | Freelance Designer. Work included exhibition boards, corporate identities, open art project |
| Freelance (12/92 – 11/93) | Freelance Designer working on corporate identities, posters and brochures for the Festival of Light in Essen |
| Staedtische Woche Bahnstrasse 3 44567 Dortmund (11/91 – 8/92) | Production Assistant on weekly magazine (Temporary Contract) |

## 5 Skills and General Information

▶ Please use a separate piece of A4 paper.

▶ This section is to give us specific information in support of your application. You must be able to demonstrate on this application form and at interview, if called, that you can satisfy each and every aspect of the Person Specification. We suggest you answer in relation to each point in the Person Specification.

▶ It will be insufficient merely to duplicate what the Person Specification states. So, for example, if it asks for "ability to" or "commitment to" you will be required to demonstrate positively your ability, commitment, etc, by some reference to your academic, professional, voluntary or personal life.

▶ We require all our staff to have a sympathy with HAB's Vision & Values and a commitment to our Equal Opportunities statement. Again, you will be required to demonstrate more than a paper commitment to our beliefs by reference to what you have already achieved in these areas and what you would hope to achieve if offered the post.

▶ You must address every aspect of the Person Specification.

## 6 References

▶ Please supply details of two referees. These should not include relatives or purely personal friends.

▶ If you are in current employment, one reference must be from your current employer.

▶ Please tick the box if you do not wish us to take up references with your current employer before interview. ☑

**First Reference**

Name: Roberta Schäfer

Address: Landesbildungszentrale
Schlagstrasse 27-29,
44357 Dortmund, Germany

☎ 0049 231 445566

Occupation: Head of Design

**Second Reference**

Name: Helga Ottmann

Address: Vereinigte Hilfswerke, Bodengasse 6,
44357 Dortmund, Germany

☎ 0049 231 556677

Occupation: Personnel Manager

▶ I certify that the information given on this form is correct to the best of my knowledge.

▶ I consent to HAB checking any information I am unable to verify personally.

Signed: Frederik Goldmann                Date: 25 November 2000

▶ Please return to Human Resources, 18 Lever Street, London N7 2JH.

Frederik Goldmann (1)

## SKILLS AND GENERAL INFORMATION

1. In my past employment at Vereinigte Hilfswerke, a worldwide emergency medical organisation, it was part of my role to manage designers on work placements for the Creative Services Department. These were mainly design graduates looking for practical experience in a working design studio. My role was to induct candidates into the aims, objectives and vision of Vereinigte Hilfswerke, ensure they understood organisational guidelines and the use and importance of house style.

It was also important to make sure their work progressed from very easy DTP jobs to more complex and creative jobs and to ensure that after initial very regular supervision they were able to liaise with internal clients and prepare work for print with minimum supervision.

I have experience of team-building programmes, both at Vereinigte Hilfswerke and Landesbildungszentrale. At Vereinigte Hilfswerke the publishing team and other teams of the Communications Department took part in a three-day residential team-building course and at Landesbildungszentrale, an educational research organisation, there has been an on-going work-related team-building programme.

2. As I work closely with the current Design Manager at Landesbildungszentrale, I am very aware of the issues surrounding management of a substantial publishing programme. The main challenge is to bridge the gap between forecasted work in the yearly publishing plans and actual work which is likely to be of a quite different nature, as the organisation has to respond to unforeseen events such as policy changes and new initiatives in education. From my work in the Publications Team I have learnt that a constant review

of present work plus early anticipation of additional work is necessary to ensure a smooth flow of work within the team.

3. I have been involved with design for more than eight years and have substantial experience of evaluating design and making suggestions for improvements on designs produced by other members of staff and external designers. Improvements often include appropriate use of corporate identity guidelines, making text more user-friendly and suggesting an alternative selection of photographs.

4. I can use all relevant DTP packages (as illustrated in point 6) and have enough technical knowledge of Macintosh computers to be able to sort out minor problems myself, or to brief other technical staff or external contractors on major problems.

I am aware of different print processes, for example when to use silkscreen, web or litho presses and have also visited print factories and attended print workshops offered by printers to their clients. As a freelancer, print-buying was often part of my commission and I am able to evaluate and compare the different services and prices offered by different printers.

At Vereinigte Hilfswerke and Landesbildungszentrale I have commissioned designers, evaluating their portfolios and matching them to appropriate projects, briefing them accurately and ensuring that quotes are obtained and deadlines are met.

I have a good understanding of website issues, gained at Vereinigte Hilfswerke, Landesbildungszentrale and through private study. I have technical knowledge from evening classes and can do basic website design myself as well as providing graphics for websites in my previous and current job. I also understand the current limitations of the World Wide Web in relation to house style, as for instance, use of house style font is not possible for bodycopy as users determine fonts, and heavy graphics are not advisable as this increases download time and limits access for visually impaired people.

5. I have excellent knowledge of QuarkXpress, Adobe Illustrator and Photoshop and have been using these to produce artwork on disk for the last seven years. I also have a working knowledge of Microsoft Word, PowerPoint and Excel spreadsheets.

6. At Landesbildungszentrale I managed the budget allocated to a research programme into educational materials for disabled children. The programme was overseen by the Marketing Department and each member of the Marketing Department was responsible for a specific service. The project ran over two years and part of my role was to establish a two-year plan for the Research Team and an annual budget including expenditure for research fees, travel to monthly focus group meetings, guest speakers, additional product research and disabled groups and to monitor this expenditure throughout the year.

As I work closely with the Design Manager and Print Buyer at Landesbildungszentrale I am aware of the difficulties of accurately setting up plans and budgets for the year, as some departments are able to set up plans realistically whereas other departments have to respond to changing circumstances.

7. In my previous position working with the English language editor at Vereinigte Hilfswerke, I learnt to use editorial mark-up instructions accurately and gained good proof-reading skills. In both my previous positions

I have produced accurate mark-ups for external designers and other members of staff to follow.

8. I have excellent communication skills and can liaise with staff effectively at all levels of the organisation. I have extensive experience of dealing with editors, designers, printers and photographers successfully, as I can show with the resulting work in my portfolio. I have also negotiated discount prices with photographers and illustrators and recently negotiated free use of drawings by a well-known illustrator for use in a brochure for new students.

9. In my view the key to good client liaison is effective communication and anticipating that your client may not fully understand the meaning of terms like 'sign-off' and 'printers proof'. I feel that my long experience in a design environment has given me insight into the requirements of my customers and enables me to make useful suggestions on how a publishing project can be improved or even done in a completely new way, for example setting up a catalogue in a landscape format or developing a game rather than a standard brochure, whilst still bearing cost and target audience in mind.

10. At present I work on various projects with changing deadlines and am used to people making changes at the last minute. I can stay calm in a pressurised work environment, and ensure that deadlines are met. In a team environment regular update meetings and a flowchart showing all work for the Publications Division are useful tools for checking deadlines and anticipating work overload or a need to re-prioritise.

11. I have managed my own projects both as a freelancer and in my employment at Landesbildungszentrale and Vereinigte Hilfswerke. One of the most important project management tools is a timeline, agreed by all

parties involved, and a regular review of this in changing circumstances. It is also very important to communicate with all parties on a regular basis and back any verbal agreement with a written message to reinforce what was agreed.

12. I am committed to HAB's Equal Opportunities Policy. In design I believe that an effective way of supporting the Equal Opportunities Policy is to ensure that any photography or illustration used reflects a variety of people of different gender, race, disability and age. In my present position it is important that publications show the diversity of the population and appear in a positive and non-patronising way. For website design it is crucial to bear in mind that web pages must be laid out in a way that enables visually impaired people access e.g. text on a contrasting background and a plain text alternative to pictures or PDFs so that they can be printed out in braille or large text.

## Zu den Unterlagen von Frederik Goldmann (Design Management in Großbritannien, *application form*)

In der vorliegenden Anzeige wird darauf hingewiesen, dass ein interessierter Bewerber sich eine Bewerbungsmappe, ein *application pack*, bestellen muss, will er sich um die Position des Design Managers bewerben. Zumeist wird bei den Stellenausschreibungen von einer *application form* gesprochen. Bei diesen Bewerbungsformularen geht es vor allen Dingen darum, die Vergleichbarkeit der unterschiedlichen Kandidaten zu verbessern. Bei Einstellungen im angloamerikanischen Raum ist das Ausfüllen von Bewerbungsbögen wesentlich weiter verbreitet als bei uns. Speziell in den USA wird kaum ein Job ohne das Ausfüllen eines Bewerbungsformulars vergeben. So bekommt man oft nach Einsenden seiner Bewerbung ein Formular per Post zugeschickt, mit der Aufforderung, dieses auszufüllen. In Großbritannien werden *application forms* vor allem bei großen Unternehmen, im öffentlichen Bereich und bei karitativen Organisationen eingesetzt. Das vorliegende *application form* ist ein anschauliches Beispiel für ein Bewerbungsformular im sozialen Bereich. Natürlich gibt es immer kleine und große Unterschiede. Oft liegt dem Formular eine Anleitung zum Ausfüllen bei sowie ein weiteres Blatt, das alle gewünschten Fähigkeiten und die Erfahrung beschreibt, die der ideale Kandidat für die zu besetzende Stelle mitbringen sollte. Es ist wichtig, beim Ausfüllen des Formulars auf jedes einzelne dieser Kriterien, auch die »weichen« Faktoren, einzugehen und zu beschreiben, wie man es erfüllt oder bereits erfüllt hat.

Tipps: beim Ausfüllen sollte mit ähnlicher oder sogar größerer Sorgfalt als beim Verfassen der eigenen Bewerbung vorgegangen werden. Am besten, Sie vervielfältigen das Formular und füllen eines zur Probe aus. Wenn alles stimmt, können Sie dann das Original sauber und ordentlich beschriften. Das verhindert zumindest das sehr unschöne Durchstreichen. Ist etwas unklar, sollten Sie unbedingt beim Arbeitgeber nachhaken. Bei Fragen, die nicht zutreffen, können Sie entweder einen Strich machen oder aber »not applicable (N/A)« schreiben.

Gehaltsvorstellungen sollten, wenn möglich, nicht angeben werden. Hier bietet es sich an, »salary negotiable« zu schreiben. Ansonsten kann man eventuell eine Gehaltsspanne nennen, aber auch das ist nicht einfach, da im angloamerikanischen Raum in der Regel über Gehalt und Zusatzleistungen (Kranken- und Altersversicherung, Umzugskosten etc.) verhandelt wird (sogenannte *packages*). Bei besonders kniffligen Fragen kann mit der Formulierung »will discuss during interview« ausgewichen werden, aber selbstverständlich sollte das eine Ausnahme sein.

Zu Gesundheitsfragen schreiben Sie »excellent health« und machen Sie keine weiteren Angaben. Bei kleinen Wehwehchen kann man sich auch auf »good health« beschränken.

Nun zu den vorliegenden Unterlagen: Die ersten Seiten füllt Herr Goldmann ohne weitere Schwierigkeiten mit den persönlichen Daten aus. Auf der zweiten Seite wird nach der *Education* gefragt. Hier geht es um Abschlüsse, Diplom, Zertifikate, aber auch Kurse oder Weiterbildungen, die für die angestrebte Tätigkeit von Bedeutung sein könnten. Herr Goldmann nutzt diese Gelegenheit richtig, um Qualifikationen aufzuführen, welche die in der Anzeige und der *Person's Specification* geforderten Fähigkeiten belegen. So bezieht er sich auf den Punkt 4, »understanding of the world wide web«, durch die Erwähnung des Besuchs eines Web-Kurses oder auf Punkt 10, »meeting deadlines«, mit dem Besuch eines Zeitmanagement-Seminars.

Ebenfalls auf der dritten Seite werden Informationen über die aktuelle Anstellung eingefordert. Diese Angaben sind, da sie am neuesten sind, die wichtigsten im Bereich der Berufserfahrung. Deshalb wird diesen Erfahrungen im Formular auch besonders viel Platz eingeräumt, während vorherigen Anstellungen oder Erfahrungen weit weniger Platz zur Verfügung steht. Unter *Duties and Responsibilities* sind ähnliche Angaben wie in einem Lebenslauf vorzunehmen. Herr Goldmann hat der Anforderungsliste entsprechend sehr treffende Angaben gemacht. Bei der Angabe des letzten Gehalts ist es möglich, sich an der Bezahlung der ausgeschriebenen Position zu orientieren.

Neben der aktuellen Position werden Angaben zu weiteren Erfahrungen/Berufserfahrungen verlangt. Hier taucht das Problem der Berufsbezeichnung verstärkt auf. Herr Goldmann beschreibt weitere Anstellungsverhältnisse, zwei selbständige Tätigkeiten und eine

Teilzeitbeschäftigung, immer im Hinblick auf die zu besetzende Stelle.

Nach der vierten Seite, die Angaben zu Referenzen, Unterschrift und Datum enthält, arbeitet Herr Goldmann auf den nun folgenden wichtigen Seiten die geforderten Fähigkeiten aus dem ihm vorliegenden Anforderungsprofil *Person's Specification* heraus. Es ist sehr wichtig, dass dies Punkt für Punkt geschieht, was Herr Goldmann auch berücksichtigt.

Dabei geht er sehr geschickt vor und kann auch kleine Schwächen, wie z.B. fehlende Erfahrung in der Personalführung (*management of staff*) kompensieren, indem er aufzeigt, dass er für die Einarbeitung von Praktikanten verantwortlich war und ein dreitägiges Seminar in *team building* absolviert hat (Punkt 1 der Anforderungsliste).

Bei Punkt 13 geht es um die Gleichstellung aller Menschen, egal welcher Religion sie angehören, wie alt sie sind oder welche körperlichen oder geistigen Leiden sie haben. Hier schreibt Herr Goldmann, dass er mit der Politik des Unternehmens übereinstimmt und wie sich dies konkret in seinem späteren Arbeitsbereich auswirken könne.

### Einschätzung

Ein gutes Beispiel für das Ausfüllen eines Bewerbungsformulars.

# MARTIN CZUBNY

**IM ORDE 29 ■ 79104 FREIBURG**
**■ +49 761 1234567 ■ MCZUBNY@HOTMAIL.COM**

Mr Jerome Gavronne
Head of Human Resources
Ovenden Construction International Ltd
113 Shakespeare Walk
Oxford OX6 8KL

25th April 2001

Re: Your advert in 'Construction News International', 20th April 2001

Dear Mr Gavronne

I am writing regarding your advertisement for a Deputy Manager in your European Construction Section. I am looking for a position which combines the legal, administrative and construction aspects of civil engineering and I feel that the advertised position requires the skills and experience, as demonstrated in my enclosed Curriculum Vitae.

I am aware that Ovenden Construction Ltd have been tendering for contracts in the eastern part of Germany, and my extensive experience in contract negotiation and knowledge of German construction law would be very valuable to your company. I also speak fluent German, have excellent command of the English and French language and have liaised with French and German companies on many occasions.

I look forward to hearing from you soon.


Yours sincerely

*Martin Czubny*

Martin Czubny


Enclosures

# MARTIN CZUBNY

IM ORDE 29 ■ 79104 FREIBURG
■ +49 761 1234567 ■ MCZUBNY@HOTMAIL.COM

**Objective**

A challenging position combining the legal, administrative and construction aspects of civil engineering.

**Personal Details**

Date of birth: 21 March 1965
Place of birth: Iserlohn, Germany
Marital status: Single
Nationality: German

**Professional Experience**

### DIRECTOR OF THE STAFF UNIT, CONTRACT MANAGEMENT AND PROJECT MANAGER ASSISTANT

**1999 – present**     **Consortium Freiburger Bergbahn**

The Consortium Freiburger Bergbahn is renovating 10.3 km of the funicular railway support construction in Freiburg. The value of the order is DM 300,000,000 (approx £100 million). 25,221 tons of steel will be installed by 2003. The number of technical staff is 90; 720 workers are engaged in the installation.

- Responsible for contract management and leading a team of five employees
- Estimated and co-ordinated hundreds of claims resulting from changes to drawings, interruptions to construction work, acceleration measures, obstructions, flooding, extra weight or faulty software
- Successfully prepared a major claim which was approved by the owner, amounting to 29% of the original contract value
- Precisely analysed contract regulations, specifications and risks in order to assist the project manager in taking strategic decisions
- Wrote legal reports about contract disputes between owner and contractors involving an amount of DM 1 million (approx £325,000)
- Effectively defended claims of subcontractors
- Efficiently presented counterclaims to subcontractors due to planning errors, execution errors, delayed or incomplete deliveries
- Effectively implemented a project management system in accordance with ISO 9001 emphasising contract management, and passed an external quality assurance audit on 6 June 2000
- Supervised and instructed staff in claim settlement

# MARTIN CZUBNY – PAGE TWO

**QUALITY MANAGER**
1994 – 1999     Abbing and Habinghorst, Duisburg

Abbing and Habinghorst is a modern medium-sized construction company with focus on main works and turnkey projects. In 1999, a staff of 300 realised annual sales of DM 150 million (approx £50 million)

- Successfully implemented a certified total quality management system based on ISO 9001 with focus on contract management, risk management and controlling
- Passed four external quality assurance audits between 1995 and 1998
- Designed a valuable knowledge management system based on Lotus Notes software
- Efficiently audited 110 of its construction sites
- Initialised and managed innovative benchmark tests with two medium-sized construction companies in 1996 and 1997
- Designed and executed risk analysis for core activities on construction sites

## Education and Qualifications

**DOCTORATE (DEGREE: DR.-ING.)**
1994 – 1997     Duisburg University

Doctoral thesis on "Best practice models for construction companies"; Mark: summa cum laude, 1.1 (A+)

**DEGREE IN CIVIL ENGINEERING (DIPL.-ING.)**
1988 – 1994     Dortmund University

Main subject: Construction Management
Mark obtained: 2.1 (B+), Thesis: Mark 1.3 (A–)

**A-LEVELS ( ABITUR)**
1985            Hagener Stadtgymnasium

A-levels in History (A), Maths (B), English (A) and Physics (B)

# MARTIN CZUBNY – PAGE THREE

**Courses**
- Claim management for owners and contractors
- Construction management and domestic water supplies
- Business English
- Conflict management
- Presentation and selling
- Time management
- Team building
- Negotiating skills

**Additional Skills**

Good working knowledge of English, basic knowledge of Dutch, good command of Microsoft software (Excel, Project, Access, Word), basic knowledge of Microsoft FrontPage and Lotus Notes

**Interests**

Cycling, historical fiction and non-fiction, politics. Scout leader

**References**

Frieda Glockenau
Project Director
Freiburger Bergbahn
Starkenstrasse 17
79104 Freiburg
Germany
+49 761 217 2678

Paul Abbing
Managing Director
Abbing and Habinghorst
Rheinstrasse 34-40
47259 Duisburg
+49 203 137 7778

Prof Max Reimann
Civil Engineering
Department
Duisburg University
Markgrafenstrasse 7
47057 Duisburg
+49 203 444 1000

**Kommentierte Beispiele**

## Zu den Unterlagen von Martin Czubny (Bauingenieurwesen in Großbritannien)

Der Einstieg in den **Cover Letter** und auch das Design sind auf den ersten Blick eher schwach geraten. Wenn man eine Betreffzeile verwenden möchte, was auch im Englischen ein Standardvorgehen ist, dann darf man natürlich in der Einleitung den Inhalt dieser Zeile nicht noch einmal wiederholen. Das macht einen sehr schlechten Eindruck. Es wäre viel geschickter, in der Einleitung auf ein Sondierungstelefonat zu verweisen, welches leider nicht stattgefunden hat. Der Verweis auf den beigefügten CV wirkt ebenfalls ein wenig unbeholfen. Wie wichtig ein Telefonat ist, wird auch im zweiten Satz deutlich, in dem der Kandidat vermutet, dass die ausgeschriebene Stellung genau die Position ist, die er sucht. Darüber hätte er sich vorher telefonisch Gewissheit verschaffen können.

Der zweite Absatz gefällt uns schon etwas besser. Hier offenbart sich Herr Czubny als Experte und zeigt auch deutlich auf, wie Ovenden Construction von seinem Wissen profitieren kann. Das macht zumindest neugierig auf seinen CV.

Der **Curriculum Vitae** hat uns im Gegensatz zum Anschreiben viel besser gefallen. Hier passt der Briefkopf. Alles ist übersichtlich und klar strukturiert. Ein gelungenes Beispiel für einen chronologischen CV. Ein roter Faden zieht sich klar durch den gesamten Lebenslauf und findet in dem formulierten Berufsziel *Objective* seinen Ausdruck. Der rote Faden ist allerdings so klar, das man sich überlegen kann, den Punkt *Objective* wegzulassen. Formulierte Berufsziele eignen sich besser für funktionale Lebensläufe, Berufswechsler oder wenn nicht so klar ist, wo es beruflich hingehen soll (vgl. Formales und Inhaltliches beim Lebenslauf, S. 109).

Schön auch: Innerhalb der einzelnen Positionen wird erst kurz der Firmenhintergrund dargestellt und im Anschluss daran werden die eigenen Aufgaben aufgelistet. Herr Czubny belegt die Tätigkeiten oft mit Zahlen, dadurch wirkt der CV sehr transparent und nachvollziehbar. Auch die kurze Darstellung seiner Ausbildung kommt auf den Punkt. Seine Weiterbildungen, *Courses,* könnte er sicherlich kürzer fassen.

### Einschätzung

Ein recht schwaches Anschreiben, aber ein überzeugender und schlüssiger Lebenslauf.

Tabitha Reynolds
Abacus Design
44 Norton Folgate
London E1 6AF

26th June 1999

Dear Ms Reynolds

You're looking for a creative designer and excellent team-worker with at least two years' experience in design and print – I'm looking for a new challenge and have the skills to match your requirements:

- **Four and a half years' experience in a hectic in-house design studio producing consistently creative materials**
- Working within a team of six people including writers, editors and a print-buyer and covering their positions during holidays and sickness periods
- Always meeting deadlines, however impossible (with the help of lots of caffeine!)
- Dealing with difficult and demanding clients in a calm and polite manner
- Working within a given budget and finding cost-effective solutions for design problems
- Commissioning illustrators and photographers to produce artwork and photographs that really work with the overall design
- Liaising with printers to produce final print in both mono and full colour

I was impressed by your work for the International Red Cross as shown in "Graphics International" and "Design Week" and I would appreciate the opportunity to contribute to your success and join your team as a new member of staff. I have enclosed some samples of my work along with my CV and I would be delighted to present further work in my portfolio to you in a personal meeting.

I will call you next week to discuss my application. In the meantime, thank you for your time and consideration.

Yours sincerely

Heike Radner

# Curriculum Vitae

### Personal Details

Name: Heike Radner
Address: Adlerhaus 14
Eichlinghoferstrasse
44357 Dortmund
Telephone: +49 231 123456
Born: 30 October 1966

### Education

1991: MA in Graphic Arts at Fachhochschule Dortmund 1987: Elementary Course in Art and Design Hochschule Karlsruhe
 1986: German 'Abitur' – A-levels in Music, Sociology, English and Biology at Werner-Scholl Gymnasium, Bochum, Germany

### Skills & Training

**Mac Skills:** Very good knowledge of Quark Xpress, Illustrator and Photoshop, working knowledge of Microsoft Word, Freehand and Pagemaker.

**Other:** Fluent German, good knowledge of written and oral English and working knowledge of French.
Full clean driving licence held.
Good typing speeds and office experience.

### Leisure Interests

Cycling, travel, reading, cinema, art exhibitions, theatre, live music and occasionally being a couch potato!

### Work Experience

Sept 94 – present:

■ Design and Production Officer at "Kinderhilfe E.V." (Charity for Children). Duties include: Design of a range of materials mainly for print, including adverts, postcards, newsletters, annual reports, marketing brochures, information leaflets and internal forms. Seeing jobs through from initial briefing to final print.

Jan 94 – July 94

Freelance Graphic Designer at the "Dortmunder Verband für Umweltschutz", an environmental charity.
Duties included: Design of various printed matter, including internal forms and a pack for European Environmental Week.

Sept 92 – Dec 93

Freelance Graphic Designer handling a variety of different printed material, including corporate identities, posters and leaflets. Clients included "Theatre Dortmund, Deja Vu Promotions" and "Nielsund GmbH".

Nov 91 – Aug 92

Production Assistant (temporary) at "Hamburg City Magazine".
Duties included: Liaising with printers, checking editorial copy for mistakes and ensuring deadlines were met.

**References available on request**

## Zu den Unterlagen von Heike Radner (Grafik-Design in Großbritannien)

Bei der vorliegenden Bewerbung geht es um eine Anstellung im kreativen Bereich, was sich im Layout sowie in der gesamten Bewerbung widerspiegelt. Frau Radner erstellt die Seiten mit einem Computerprogramm, welches sie auch später während ihrer grafischen Arbeit einsetzen wird. So kann sie schon in der Bewerbung ihre Fähigkeiten im Umgang mit dem Programm zeigen und zudem ihre Kreativität verdeutlichen. Bei Bewerbungen im gestalterischen Bereich sind den Entfaltungsmöglichkeiten keine Grenzen gesetzt. Ebenfalls ist es im künstlerischen Bereich üblich, der Bewerbung einige Arbeitsproben beizulegen, welche aber – ebenso wie die Bewerbung selbst – meistens nicht zurückgeschickt werden. In der Bewerbungsphase sollten Sie neben den Bewerbungsunterlagen auch eine Mappe mit verschiedenen Arbeitsproben für das Vorstellungsgespräch zusammenstellen.

Die Einleitung des auf die Anzeige bezogenen **Anschreibens** ist nicht außergewöhnlich und unter dem Aspekt der Kreativität gibt es noch Verbesserungspotenzial. Der Ansprechpartner wird namentlich genannt. Positiv fällt uns der Grundton auf, der aus dem Anschreiben hervorgeht. Zum einen schreibt hier jemand, der genau weiß, worauf es bei diesem Job ankommt und auch über Insiderwissen verfügt, zum anderen zeigt sich ein gewisser *common sense of humor*, der insbesondere bei den Briten sehr gut ankommt. Der Hinweis, unmögliche Termine mit viel Kaffee einzuhalten, gefällt bestimmt nicht jedem Personaler. Wem es aber gefällt, der wird auf die Person, die hinter der Bewerbung steht, neugierig sein und der persönlichen Vorstellung steht nichts mehr im Wege. Schön ist weiterhin die Verabschiedung mit der Ankündigung des Nachfassens.

Das gewählte Layout zieht sich auch durch den **Lebenslauf**. Gelungen ist die Aufteilung in eine linke und rechte Hälfte. Der Schwerpunkt liegt ganz klar und richtig auf der Berufserfahrung, die in der rechten Hälfte dargestellt wird.

### Einschätzung

Gutes Beispiel einer Bewerbung für den kreativen Bereich.

# FACSIMILE TRANSMISSION

**DATE:**     23 February 2001

**TO:**        David Maccrea              **PHONE:**    0044 207 2546789
**COMPANY:** Jenkins Maccrea              **FAX:**      0044 207 2541234

**FROM:**     Dr Thorsten Garmann  LLM    **PHONE:**    0049 89 1234567
                                          **FAX:**      0049 89 4567890

**RE:**        Vacancy in London

**Number of pages including cover sheet:** 4

**Message**

Dear Mr Maccrea

As discussed in our phone conversation earlier today, please find attached my Curriculum Vitae detailing my recent experience. I understand you have a possible vacancy in a law firm specialising in copyright and new media and you will find that in my current position I have been specialising in this area. I will be calling you later to discuss my application and answer any further queries you may have.

Yours sincerely

*Dr Thorsten Garmann LLM*

Dr Thorsten Garmann LLM

# CURRICULUM VITAE

## Personal Details

| | |
|---|---|
| Name: | Dr Thorsten Garmann LLM |
| Address: | Dachauerstrasse 30, 80035 Munich |
| Tel: | 0049 89 1234567 |
| Fax: | 0049 89 4567890 |
| Email: | tgarmann@aol.com |
| DOB: | 16 December 1970 |
| Nationality: | German |

## Legal Education

| | | |
|---|---|---|
| Munich University | 1989 – 1991 | Intermediate exam |
| Munich University | 1991 – 1994 | First state exam |
| Oxford University, UK | 1994 – 1995 | Dissertation research |
| Munich University | Sept 1996 | PhD Graduation |
| North Munich District Court | 1995 – 1998 | Second state exam (Bar) |
| Qualified as Solicitor | July 1998 | |
| UCLA, California, USA | 1998 – 1999 | LLM in international and comparative law |

## Professional Affiliations

Member of ELSA (European Law Student Association)
Member of the DAJV (German American Lawyer's Association)
Member of the International Student Bar Association

## Professional Development

| | |
|---|---|
| 1990 | Seminar on International Business Law |
| 1992 | English for Law |
| 1993 | French for Law |
| 1993 | Seminar on Great Law Ethnologists |

## Languages

| | |
|---|---|
| German | (fluent) |
| English | (fluent) |
| French | (working knowledge) |

## Legal Experience

### Solicitor    Jahnert, Bader & Co    August 1999 to present
*Working mainly in the areas of E-Commerce/IT/IP*

E-Commerce
- Advising online flight booking service from first round finance to launch and thereafter, including drafting terms and conditions, privacy policy and wording for competitions and special offers and advising on data protection, distance selling, trade mark and copyright issues
- Negotiating content delivery licensing agreement on behalf of major German media organisation
- Negotiating website development and hosting agreement on behalf of leading clothing retailer
- Drafting and advising on linking agreement for online financial news provider
- Drafting and advising on distribution agreement for prospective online clothing retailer
- Advising prospective online casino in relation to gaming rules and regulations
- Reviewing marketing, promotion and agency agreement prepared by online location procurer and promoter
- Negotiating resolution of domain name disputes

Information Technology
- Drafting commissioned research and development, technology transfer and software licence agreements on behalf of software developer
- Advising large investment house about online booking and digital delivery platform including advising on development and maintenance agreement and assignment of IPRs
- Negotiating with leading hardware manufacturers to establish accelerator programme for the conditional loan of hardware to start-ups and drafting agreed loan documentation
- Negotiating distribution agreement on behalf of software manufacturer
- Reviewing terms and conditions for hardware distributor

IP
- Drafting author agreements, serialisation licence and sub-licence agreement on behalf of leading publisher
- Advising publishing company on termination of licence agreement
- Drafting assignment of IPRs on behalf of software manufacturer
- Advising on registering and renewing trade marks
- Advising publishing company in relation to infringement of trade marks
- Advising hardware company on IP

Other
- Negotiating event sponsorship contract on behalf of leading tennis players
- Negotiating player contracts on behalf of sporting event organiser
- Negotiating player sponsorship agreement on behalf of leading golf club
- Negotiating television presenter contract on behalf of presenter
- Advising trade association and manufacturer of medical equipment on competition law issues
- Advising international firm of management consultants on data protection issues
- General drafting and reviewing of numerous terms and conditions, distribution agreements and confidentiality agreements

### Further Legal Experience          August 1994 to July 1999

- Student Assistant at the Institute for International Business Law in Munich for two years
- Two months' work experience at Coburn & Major, a law firm in London, where I got an insight into European security law
- Six months working in a district court in Munich in the department of commercial law
- During my two-year period under articles I also worked for three different law firms, mainly concentrating on business and administration law
- After passing my second state exam I worked as a lawyer in Munich, Germany, being admitted to all district courts in Germany

## Interests

Member of Munich Amateur Tennis League

I enjoy travelling and have been to Australia, South-East Asia and Africa in the last three years

## References

Dr Astrid Palmers
Senior Partner
Jahnert, Bader & Co
Bernsteinstrasse 15
80345 Munich
Germany
0049 89 33445566

Professor Jan Herrmanns
Department of Law
Munich University
Isarallee 110
80123 Munich
Germany
0049 89 34567879

# Zu den Unterlagen von Thorsten Garmann (Rechtspflege in Großbritannien, Faxbewerbung)

Zunächst fällt bei den Unterlagen auf, dass Herr Garmann für das **Anschreiben** eine Standard-Faxvorlage gewählt hat. Diese Wahl ist durchaus erlaubt und üblich, wenn man sich mit dem Personaler auf ein solches Vorgehen geeinigt hat. Voraussetzung ist immer, dass ein Sondierungsgespräch vor nicht mehr als 1–2 Tagen stattgefunden hat. Übrigens: Ein kurzes Faxanschreiben ist auch für alle diejenigen geeignet, die in der englischen Sprache Schwierigkeiten mit dem freien Formulieren haben.

In einem kurzen Text stellt sich der Kandidat vor und kündigt gleichzeitig auch noch einmal sein baldiges Nachfassen an. Allerdings ist die Angabe des Anlasses für das Fax ein wenig zu allgemein gehalten. Ansonsten kurz und gut.

Der **Lebenslauf** stellt nun die Kenntnisse des Herrn Garmann sehr ausführlich dar. Auf der ersten Seite werden neben den persönlichen Details auch Ausbildungsschwerpunkte dargestellt. Dabei wird die in der angloamerikanischen Welt übliche umgekehrt chronologische Reihenfolge außer Acht gelassen (vgl. zur Gliederung eines Lebenslaufs, S.110). Auf der folgenden Seite werden die in der Praxis erworbenen Kenntnisse sehr umfassend und auch sehr übersichtlich aufgelistet. Dabei konzentriert sich der Kandidat etwas zu stark auf seine letzte Position. Schade ist, dass keine Angaben über an anderer Stelle gewonnene Erfahrungen gemacht werden. Diesen Kenntnissen hätte etwas mehr Raum eingeräumt werden können, insbesondere vor dem Hintergrund, dass die folgende dritte Seite fast leer ist und nur noch die Interessen und Referenzen enthält. Dies fällt unangenehm auf.

### Einschätzung

Eine recht gelungene Bewerbung. Allerdings sollte der Lebenslauf unbedingt noch einmal überarbeitet werden.

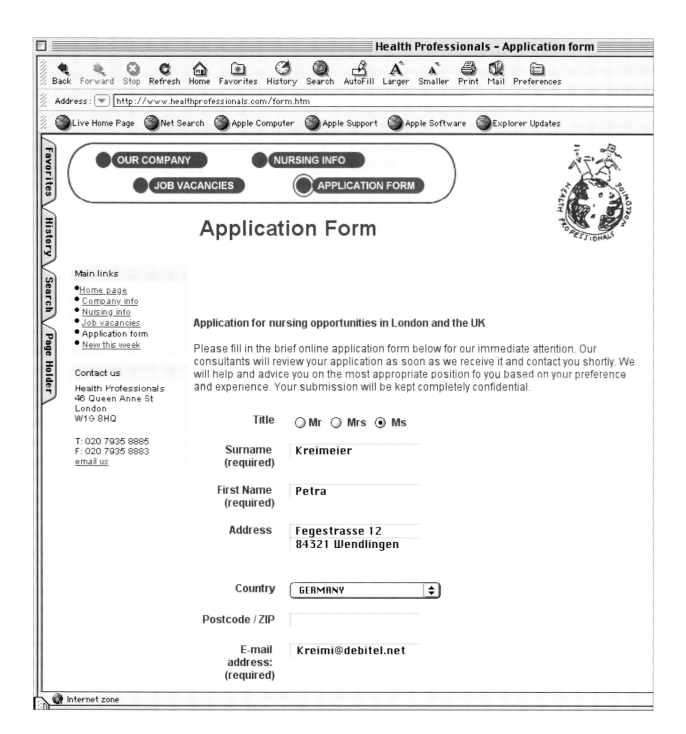

| | |
|---:|---|
| Home Telephone | 0049 882 8912345 |
| Country of Training | Germany |
| Date of Birth (dd/mm/yyyy) | 22/12/77 |
| Clinical Experience | Care of the elderly |
| Other (Please specify) | |
| Which of the following best describes your qualification? | RN (Adult) |
| Please state the month and year that you qualified? | 09/99 |
| Please state when you would like to start work in the UK? | after October 2001 |
| Please outline what type of position you are seeking? | I would like to continue working with older patients in a London hospital |
| How did you hear about us? | internet search engine |

Please attach your CV/Resume by clicking the browse button(Note: not all browsers support this feature.): You may also send it separately to resume@healthprofessionals.com

Pkreimcv.txt  [Browse...]

[Submit Application]

# CURRICULUM VITAE

## PERSONAL DETAILS

| | |
|---|---|
| Name: | Petra Kreimeier |
| Address: | Fegestrasse 12 |
| | 84321 Wendlingen |
| | Germany |
| Telephone: | 0049 882 8912345 |
| Email: | Kreimi@debitel.net |
| Date of Birth: | 22/12/77 |
| Place of Birth: | Iserlohn |
| Nationality: | German |
| Marital status: | Single |

## EDUCATION AND QUALIFICATIONS

Humboldt Gymnasium, Arnsberg                                    Sept 1987 – June 1996
**GERMAN ABITUR**
(equivalent to English A-levels)
Biology (C), English (B), History (C), Art (C)

Rochus Hospital School of Nursing, Arnsberg                     Sept 1996 – Aug 1999
**STATE CERTIFIED NURSE**
Three year full-time training with theoretical and practical course modules

## NURSING EXPERIENCE

Wendlingen Hospital                                             1999 to present
**STAFF NURSE (GERIATRIC REHABILITATION WARD)**
Duties include: dispensing medicine, pressure sore prevention, supervising rehabilitation exercises, liaising with other staff e.g. speech therapists and physiotherapists, reviewing care plans, dealing with the special needs of Alzheimer, stroke and terminally ill patients.

Rochus Hospital, Arnsberg                                       Sept 1996 – Aug 1999
**STUDENT NURSE**
Ward-based learning with placements on the following wards: Surgical, Geriatric, Community, Acute General, Obstetric, Maternity, Paediatric, Neurology, Accident and Emergency, and Psychiatric.

## INTERESTS

Reading, live music, camping, visiting the theatre, and playing the guitar.

## REFERENCES

Available on request.

## Zu den Unterlagen von Petra Kreimeier (Pflege in Großbritannien, *application form*)

Im vorliegenden Fall handelt es sich um eine Online-Bewerbung über die Internetseite eines englischen Arbeitsvermittlers, der sich auf die Vermittlung von Pflegepersonal spezialisiert hat.

Die Kandidatin füllt das dargestellte **Bewerbungsformular** (*application form*) aus und hängt den zuvor geschriebenen Lebenslauf an das Bewerbungsformular an. Alternativ kann sie diesen auch separat an die angegebene E-Mail-Adresse schicken. Ein Cover Letter wird nicht beigelegt. Das Ausfüllen des Bewerbungsformulars ist recht einfach. An den schwierigen Stellen helfen Auswahllisten.

Wichtig sind folgende Informationen zum Bewerbungshintergrund im Gesundheitswesen:

Jede Person (Krankenschwestern, Therapeuten, Ärzte etc.), die in den USA, GB oder anderen Ländern im Gesundheitswesen arbeiten möchte, muss sich registrieren und die abgeschlossene Ausbildung anerkennen lassen. Dies gilt übrigens auch für andere Berufe, die im Blickpunkt öffentlichen Interesses stehen, wie Architekten, Ingenieure oder Rechtsanwälte. Da zurzeit fast überall in der westlichen Welt dringend Pflegepersonal für Krankenhäuser gesucht wird, lohnt es sich für Vermittlungsagenturen, sich auch um die Integration von ausländischem Krankenpflegepersonal zu kümmern. Für die Registrierung als *nurse* muss man eine Gebühr bezahlen. Registriert man sich mit Hilfe einer Agentur, so kümmert sich diese oft auch um die Zimmersuche oder um die Eröffnung eines Bankkontos und unterstützt Sie bei aufkommenden Fragen.

Der beigelegte Lebenslauf ist im *plain text format* (ASCII) erstellt worden (vgl. das Verschicken der Unterlagen per E-Mail, S.117) und weist daher ein sehr einfaches Layout auf. Der chronologische Aufbau ist ohne Schnörkel recht klar und überschaubar gehalten. Im Bereich Ausbildung könnte Frau Kreimeier etwas mehr zu den theoretischen Fächern sagen. Die Angabe der Noten im Abitur ist etwas ungeschickt, weil in einer englischen Bewerbung keine Noten angegeben werden, die schlechter als ein »B« (entspricht der Note »Gut«) sind. Dies liegt an der unterschiedlichen Benotung in dem andersartigen Ausbildungssystem.

### Einschätzung

Ein recht klarer, kurzer, aber dennoch gelungener Lebenslauf mit kleinen und leicht zu behebenden Fehlern.

# Wie bewerbe ich mich um meinen Traumjob?

## Die perfekten Bewerbungsunterlagen

Wie Sie in den Beispielen und Kommentaren gesehen haben, unterscheiden sich englische von deutschen Bewerbungen in einigen Punkten. Hier die wichtigsten Unterschiede noch einmal zusammengefasst:

- Eine englischsprachige Bewerbung besteht nur aus einem Anschreiben und einem Lebenslauf. Das gilt weltweit! Das heißt, es werden keine Mappen mit Schnellheftern o. Ä. verschickt und auch keine Fotokopien, Fotografien oder Gesundheitszeugnisse beigelegt (Ausnahmen: Arbeitsproben im künstlerischen Bereich sowie eingeforderte Unterlagen).
- Umgekehrtchronologischer Aufbau des Lebenslaufes (begonnen wird mit Ereignissen aus der Gegenwart).
- Der Lebenslauf wird nicht unterschrieben.
- Es wird keine Angabe des aktuellen Datums im Lebenslauf gemacht.
- Es gibt keine Angaben über die familiäre Situation (Eltern, Kinder etc.), Hautfarbe, Grundschule oder Geburtsort (in den USA bleibt auch das Geburtsdatum bzw. das Alter im Lebenslauf unerwähnt)!

Des Weiteren kann man beim Aufbau eines englischen Lebenslaufes grob zwischen amerikanischen und europäischen Unterlagen unterscheiden. Im angelsächsischen Raum (Irland, Großbritannien, Schottland) heißt der Lebenslauf *Curriculum Vitae* (Kurzform: CV), in der übrigen englischsprachigen Welt dagegen *Resume* (Betonung auf der ersten Silbe, »Resümee«, nicht zu verwechseln mit *to resume*!). Das Anschreiben heißt im Englischen *Covering Letter* (Europa) oder *Cover Letter* (USA und Rest der englischsprachigen Welt). Natürlich kennt man in beiden Bereichen auch die jeweils nicht so gebräuchlichen Begriffe. Wenn im Folgenden von CV und Covering Letter die Rede ist, ist auch die amerikanische Version gemeint, es sei denn, wir weisen ausdrücklich auf Unterschiede hin.

Wichtig erscheint uns an dieser Stelle der Hinweis, dass es auch bei einer Bewerbung in den englischen Sprachraum nicht darum geht, möglichst viele Bewerbungen zu verschicken, sondern gezielt nach einer geeigneten Position zu suchen, um im besten Fall mit einer einzigen oder mit wenigen Bewerbungen erfolgreich zu sein. Unterschiedliche Positionen erfordern unterschiedliche Qualifikationen. Daher sollte jeder CV genau auf ein *Job Target*, die anvisierte Stelle, zugeschnitten sein. Gibt es mehrere grundlegende Optionen bei der Jobsuche, sollte man auch mehrere Lebensläufe erstellen, um je nach Arbeitgeber die entscheidenden Fähigkeiten und Kenntnisse entsprechend zu betonen. Bitte machen Sie sich immer wieder klar, was Bewerbungsunterlagen im Grunde sind: ein Werbeprospekt für die eigene Person. Mit diesem »Prospekt« soll das Interesse eines unbekannten Empfängers an der Arbeitsleistung und der Person des Bewerbers geweckt werden. Ziel ist es, für die angebotene Leistung einen möglichst hohen Gegenwert zu erhalten. Für eine gezielte und überzeugende Präsentation der eigenen fachlichen und persönlichen Qualifikationen und Fähigkeiten müssen sich Inhalt, Stil und die äußere Form der Unterlagen geschickt ergänzen. Entscheidend ist, dass der Personaler innerhalb kürzester Zeit (es geht hier wirklich um Sekunden, schon das bloße Betrachten der Bewerbung sollte Interesse wecken!) das Profil des Bewerbers vor Augen hat. Gelingt es Ihnen als Bewerber nicht, ein schnell greifbares, positives Bild von sich zu vermitteln, dann endet Ihre Bewerbung leicht im Papierkorb. Eine übersichtliche und klare Gliederung ist deshalb ein wesentlicher Aspekt einer guten Bewerbung. Es lohnt sich also, beim Verfassen der Bewerbungsunterlagen und hier insbesondere beim Aufsetzen des Lebenslaufes sehr gründlich vorzugehen.

Im Folgenden werden die häufigsten Faktoren in mangelhaften Bewerbungen aufgezählt, auf Grund deren Kandidaten nicht zu einem Vorstellungsgespräch eingeladen wurden:

- unübersichtlicher Aufbau des CV/Resume
- unzureichende und lückenhafte Angaben über Fähigkeiten, Kenntnisse, bisherige Aufgabengebiete; der Arbeitgeber muss zwischen den Zeilen lesen, um auf die Fähigkeiten des Kandidaten zu schließen
- falsche Berufs- und/oder Abschlussbezeichnung – ein Fehler, der die Qualifikation des Bewerbers ungewollt in einem vollkommen falschen Licht erscheinen lässt
- kein vorheriges Sondierungstelefonat und damit kein direkter Adressat/Ansprechpartner
- die Unterlagen wurden an zu wenige oder ungeeignete Arbeitsvermittler (falsche Branche) verschickt
- formale Fehler (z.B. das Foto, die Unterschrift, die zeitliche Auflistung betreffend, s.u.)
- ein zu bescheidenes Auftreten von deutschsprachigen Kandidaten
- schlechte Vorbereitung – der Kandidat hat sich nicht ausreichend informiert über Anforderungen, Unternehmenskultur etc.
- kein Nachfassen nach Eingang der schriftlichen Bewerbung, daraus schließt der Arbeitgeber auf geringes Interesse des Bewerbers

In dem nun folgenden Kapitel geben wir Ihnen eine kurze, aber umfassende Anleitung für das Erstellen englischsprachiger Bewerbungsunterlagen. Es werden alle formellen Fragen beantwortet, die wichtigsten Unterschiede zu den im deutschsprachigen Raum üblichen Bewerbungsunterlagen erklärt sowie Besonderheiten innerhalb des angloamerikanischen Raums dargestellt.

**Papier- und Schriftwahl**

Für Covering Letter und CV sollte im Normalfall einfaches weißes Papier von hoher Qualität, gerne auch schwerer als die üblichen 80 Gramm, verwendet werden. Man wählt für alle Unterlagen das gleiche Papier, damit sich CV und Covering Letter als eine Einheit präsentieren. Luftpostpapier ist für Bewerbungen denkbar ungeeignet, da es zu dünn ist und wenig repräsentativ wirkt. Farbige oder gemusterte Papiere sollten nur bei einer Bewerbung im künstlerischen Bereich zum Einsatz kommen. Alle Blätter werden immer nur einseitig beschrieben. Die USA (und ausschließlich die USA) gehen bei der Papierwahl einen Sonderweg: Hier ist es üblich und gehört zum guten Ton, dezent marmoriertes oder gemustertes und/oder gefärbtes Papier (hellgrau, blau, braun, grün oder auch gelb) zu verwenden. In Großbritannien, Irland, Australien etc. stößt man mit einem solchen Auftreten auf wenig Gegenliebe. Dort findet ausschließlich weißes, evtl. ganz sanftblau oder grau getöntes Papier Anklang.

Heute ist es üblich, die Bewerbungsunterlagen auf dem Computer zu erstellen (handgeschriebene CVs sind unerwünscht!). In jedem Schreibprogramm stehen verschiedene Schriftarten (*fonts*) zur Verfügung. Bei der Auswahl und Verwendung der Schriften ist Folgendes zu berücksichtigen: Als Schrifttyp scheiden verschnörkelte, zu zarte oder plumpe Schriftarten aus. Mit ihnen erzielt man nicht das angestrebte seriös-übersichtliche Schriftbild. Empfehlenswert ist die Verwendung von nur einer Schrift für CV und Covering Letter, denn durch wechselnde Schriften fehlt es dem Layout an Geschlossenheit.

Abweichen von dieser Regel kann man, wenn man sein eigenes Briefpapier mit Name, Adresse, Telefonnummer, E-Mail-Adresse etc. am Computer gestaltet. Dies ist mit der modernen Software recht einfach und wirkt sehr professionell – wenn man einen Blick für Gestaltung hat.

Wenn der seltene Fall eintritt, dass der Arbeitgeber einen handgeschriebenen Covering Letter als Schriftprobe verlangt, sollte das handschriftliche Schriftbild durch einen gedruckten Briefkopf unterstützt werden.

Für Bewerber im kreativen/künstlerischen Bereich gelten andere Maßstäbe. Dort wird oft genau das Gegenteil einer seriösen und dezenten Bewerbung erwartet, nämlich eine ausdrucksvolle und originelle Präsentation. Hier kann man als Bewerber neben aufwändigen und eigenwillig designten Bewerbungen in Schriftform auch Mobiles, selbst entworfene Spiele, Segel etc. verschicken. Diese »bunte Strategie« birgt zwar immer das Risiko in sich, dass der Personalentscheider nicht den eigenen Geschmack teilt – zumindest ragt man aber weit aus der grauen Masse heraus, und damit steigen die Chancen, das eigene Anliegen und die Visionen im persönlichen Gespräch erörtern zu können.

## Sich im rechten Licht darstellen (*extended truth*)

Es ist etwas schwierig, bei der Formulierung von englischen Bewerbungsunterlagen den rechten Ton zu finden. Wird in Großbritannien, Irland oder Australien mit der Selbstdarstellung noch etwas zurückhaltend umgegangen, so stellt sich in den USA der Eisverkäufer mit einem eigenen kleinen Straßenstand regelmäßig als ein Manager im Genussmittelsektor vor, der den Umsatz der eigenen Filiale um 30% innerhalb eines halben Jahres, also während der Eissaison, zu steigern vermochte. Wer das Spiel nicht beherrscht oder mit falscher Bescheidenheit auftritt, verpasst die guten Jobs. Diese im gesamten angloamerikanischen Raum bekannte Bewerbungsstrategie wird *extended truth*, erweiterte Wahrheit, genannt. Hierbei handelt es sich um eine Strategie von wohlkalkulierten Übertreibungen und sogar teilweise falschen Angaben in Bewerbungen. Diese haben das Ziel, die eigenen Kenntnisse und Erfahrungen umfangreicher oder besser auf den Job zugeschnitten erscheinen zu lassen und die Aufmerksamkeit des Personalers auf sich zu ziehen. Die Strategie der *extended truth* ist sehr verbreitet und wurde in vielen erfolgreichen Bewerbungen bemüht. Sie sollten allerdings bedenken: Nichts ist peinlicher, als mit einer plumpen Lüge in den Unterlagen erwischt zu werden. Daher empfehlen wir einen mäßigen und kontrollierten Umgang mit Übertreibungen und Halbwahrheiten.

Das soll Sie aber nicht davon abhalten, jede Anstellung oder Tätigkeit, und sei es auch nur ein Ferienjob, in Ihren Unterlagen ins beste Licht zu rücken. Welche Qualifikationen und Kenntnisse wurden dort erworben, die für einen späteren Arbeitgeber von Bedeutung sein könnten?

Wichtig: Versetzen Sie sich gedanklich in die Lage des Arbeitgebers, der die ausgeschriebene oder von Ihnen angestrebte Stelle besetzen möchte. Diese Betrachtungsweise kann Ihnen auch helfen, bestimmte Erfahrungen aus dem CV herauszunehmen, um nicht überqualifiziert oder ziellos zu wirken.

Fazit: Um bei der Bewerbung Erfolg zu haben, muss man ein guter Verkäufer in eigener Sache sein. Aber Vorsicht: Speziell in Großbritannien ist überhebliches Auftreten eher kontraproduktiv, das Image vom »deutschen Wichtigtuer« sollten Sie hier besser nicht bestätigen.

# Abschlüsse und Berufsbezeichnungen

Ein Kapitel für sich ist die Frage der Übersetzung von deutschen Abschlüssen ins Englische. Ein Problem deshalb, weil es im angloamerikanischen Raum ein ganz anderes Schul- und Ausbildungssystem gibt: Die Schulzeit beträgt in der Regel zwölf Jahre bis zum höchsten Abschluss. Studiert wird meist vier Jahre lang bis zum *Bachelor degree*, für einen *Master degree* muss man noch ein bis zwei Jahre dranhängen. Und: Es gibt im gesamten angloamerikanischen Raum keine Ausbildungsform, die den deutschen Lehrberufen oder einer der hiesigen institutionalisierten Ausbildungen entspricht.

## Schulabschlüsse

Der Haupt- und Realschulabschluss in Deutschland lässt sich mit dem britischen/irischen GCSE (General Certificate of Secondary Education) vergleichen, welches früher *O-level* hieß. Das deutsche Abitur kann man mit dem britischen/irischen *A-level* gleichsetzen. Bei den *A-Levels* handelt es sich jeweils um eine abschließende Prüfung in einem Wahlfach. In Großbritannien kann man frei wählen, wie viele Prüfungen man ablegen möchte. Üblich ist, zwei bis drei Abschlussprüfungen abzulegen, aber auch nur eine einzige Prüfung ist möglich. Auf das hiesige Schulbildungssystem angewandt, hätte dann z.B. ein deutscher Abiturient vier *A-level*, da bei uns die normale Abiturprüfung aus vier Teilprüfungen besteht. In den USA und Australien gibt es dagegen keine Entsprechung unseres Realschul- bzw. Hauptschulabschlusses. Man geht sechs Jahre auf die Elementary School, dann weitere sechs Jahre auf *Junior* und *Senior High Schools*. Das *High School Diploma* entspricht ungefähr dem Abitur, mit dem Unterschied, dass es nicht zum Besuch einer Universität berechtigt, dafür müssen zusätzliche Prüfungen abgelegt werden.

Die Benotung erfolgt nach einer Buchstabenskalierung, ungefähre Entsprechungen sind:

| USA | Großbritannien | Deutschland |
|---|---|---|
| A (A+, A, A- ) | A | 1 (15, 14, 13 Punkte) |
| B (B+, B, B- ) | B | 2 (12, 11, 10 Punkte) |
| C (C+, C ,C- ) | C | 3 (9, 8, 7 Punkte) |
| D (D+, D, D-) | D | 4 (6, 5, 4 Punkte) |
| F (failed) | E | 5 (3, 2, 1 Punkte) |
| F (failed) | N (not passed) | 6 (0 Punkte) |

Des Weiteren ist in den USA das System des *Grade Point Average* (GPA) weit verbreitet. Vom Durchschnitt des GPA hängt es ab, ob man in den Genuss einer Begabtenförderung (National Recognition oder Honors Classes) kommt. Ein GPA mit der Benotung 4,0 entspricht einem »A«, 3,0 einem »B«, 2,0 einem »C« und die Benotung 1,0 einem »D«.

**Studienabschlüsse**

Bei der Übertragung von hiesigen Ausbildungen und Abschlüssen ins Englische muss man mit Fingerspitzengefühl vorgehen. Das gilt insbesondere bei Bewerbungen nach England, wo man sich mit vollmundigen Übertragungen deutscher Abschlüsse etwas zurückhalten sollte. Besser ist es in den meisten Fällen, den einzelnen Abschluss inhaltlich zu beschreiben. Vergessen Sie nicht, dass deutsche Bewerber gegenüber Kandidaten aus der englischsprachigen Welt meist ganz unterschiedliche Voraussetzungen mitbringen: Die Universitätsausbildung im deutschsprachigen Raum ist inhaltlich breiter angelegt. Zudem spielt der Fremdsprachenerwerb eine größere Rolle. Die Hochschulausbildung im angloamerikanischen Raum zielt dagegen mehr auf die berufliche Praxis. Außerdem sind die Absolventen deutlich jünger als bei uns. Es ist nicht ungewöhnlich, das Studium im Alter von nur 21 oder 22 Jahren abzuschließen.

Zu den Abschlüssen: Diplom und Magister in Deutschland entsprechen prinzipiell dem *Master degree* und das Vordiplom dem *Bachelor degree*. Innerhalb des englischen Systems liegt der Abschluss *Bachelor* in der Wertung höher als der Abschluss *Diploma*. Die deutsche Hochschulausbildung hat keinen dem Diploma entsprechenden Abschluss.

Die gängigsten 4-Jahres-Abschlüsse im angloamerikanischen Raum sind:

| | |
|---|---|
| BA | Bachelor of Arts |
| BArch | Bachelor of Architecture |
| BEd | Bachelor of Education |
| BEng | Bachelor of Engineering |
| BMedSci | Bachelor of Medical Science |
| BMus | Bachelor of Music |
| BSc | Bachelor of Science |
| BSc (Econ) | Bachelor of Science in Economics |
| LLB | Bachelor of Law |

Die entsprechenden 5- bis 6-Jahres-Abschlüsse sind:

| | |
|---|---|
| MA | Master of Arts |
| MArch | Master of Architecture |
| MBA | Master of Business Administration |
| MEd | Master of Education |
| MEng | Master of Engineering |
| MMedSci | Master of Medical Science |
| MMus | Master of Music |
| MSc | Master of Science |
| MSc (Econ) | Master of Science in Economics |
| LLM | Master of Law |

In den USA und Australien enthalten die Abschlüsse Abkürzungspunkte, z.B.: B.A., B.Sc., M.B.A. oder L.L.M. etc.

Die Benotung bei akademischen Abschlüssen geschieht ganz grob folgendermaßen:

| USA | Großbritannien/Irland | Deutschland |
|---|---|---|
| A+ | upper first class (1.1) | sehr gut+ (0,8) |
| A | first class (1.2) | sehr gut (1,0) |
| A– | lower first class (1.3) | sehr gut– (1,5) |
| B+ | upper second class (2.1) | gut+ (1,8) |
| B | second class (2.2) | gut (2,0) |
| B– | lower second class (2.3) | gut– (2,5) |
| C+ | upper third class (3.1) | befriedigend+ (2,8) |
| C | third class (3.2) | befriedigend (3,0) |
| C– | lower third class (3.3) | befriedigend– (3,5) |
| D | passed without honours | ausreichend |

Wichtig: Die Amerikaner haben eine andere Mentalität, wenn es um Noten geht: Im Resume gibt man nur »A«-Noten aus dem Hochschulzeugnis an. Selten werden auch »Bs« erwähnt. Schlechtere Noten werden nicht genannt. Dies gilt analog beim GPA. Dieser sollte immer nur dann in der Bewerbung angegeben werden, wenn er zwischen 3,5 und 4,0 liegt.

**Lehre, Ausbildung und Berufsbezeichnungen**

Auch die Ausbildung im angloamerikanischen Raum ist nicht mit der deutschen zu vergleichen. Fachliches Können wird in der täglichen Praxis vermittelt, teilweise ohne Prüfungen und Benotungen. Eine Änderung gab es in Großbritannien, dort wurden jetzt NVQs (*National Vocational Qualifications*) als berufsschulähnliche Prüfungen eingeführt. Bewerber mit abgeschlossener Lehre (*apprenticeship*) oder Ausbildung (*training*) sollten deshalb den Ausbildungsverlauf und die Inhalte im Einzelnen darstellen.

Es ist schwierig, adäquate Berufsbezeichnungen für bestimmte Ausbildungsberufe zu finden. Wichtig bei der Übersetzung von Berufsbezeichnungen ist, dass der Bewerber weder zu hoch noch zu tief stapelt, denn in beiden Fällen sinken die Chancen auf einen guten Arbeitsplatz. Ein gutes Beispiel dafür sind die Berufsbezeichnungen Industrie-, Büro- und Einzelhandelskaufmann, die oft missverständlich mit *Office, Retail, Industrial Clerk* übersetzt werden. Dabei ist im Englischen ein *clerk* in der Regel jemand, der Buchungssätze eingibt oder für generelle Büroarbeit (z.B. Ablage) zuständig ist. Ebenso missverständlich wäre eine Übersetzung als Office, Retail oder Industrial Manager, denn diese Positionsbeschreibung steht für mehr Kompetenzen, als tatsächlich ausgeübt werden, es sei denn, man ist Filialleiter oder hat zumindest einen eigenverantwortlichen Entscheidungsbereich mit Weisungsbefugnis. Eine passendere Übersetzung wäre z.B. *Merchandising, Purchasing* oder *Retail Executive*. Die Position *Executive* beschreibt generell jemanden, der einen eigenen Verantwortungsbereich hat, aber weisungsgebunden unter einem Entscheidungsträger steht. Demgegenüber ist der *Chief Executive Officer* (CEO) der Vorstand einer Kapitalgesellschaft. Im Folgenden finden Sie einige wenige charakteristische Beispiele für englische Berufsbezeichnungen und deren Abkürzungen:

*Führungspositionen:*
- Chief Executive = Vorstand meist im öffentlichen/sozialen Bereich
- Chief Executive Officer (CEO) = Geschäftsvorstand einer Kapitalgesellschaft (AG)
- Managing Director (MD) = Geschäftsführer, sei es einer Personen- oder Kapitalgesellschaft

*Zweite und dritte Führungsebene:*
- Marketing Director = Leiter einer großen Marketingabteilung mit verschiedenen Unterabteilungen
- Head of Marketing = Leiter einer Marketingabteilung
- Marketing Manager = Entscheidungsverantwortlicher im Bereich Marketing

*Weitere Entscheidungsträger:*
- Account Executive = Kundenberater mit weitem Aufgabenfeld, aber limitiertem Entscheidungsspielraum
- Key Account Executive = Schlüssel-/Großkundenbetreuer, verantwortlich für seine Kunden
- Marketing Executive = Teilverantwortlicher im Bereich Marketing
- Sales Executive = Verkäufer mit eigener eingeschränkter Kompetenz

*Angestellte ohne Entscheidungsgewalt:*
- Clerk = Angestellter mit einfachen Bürotätigkeiten
- Telesales = Verkäufer im Direktmarketing (meist am Telefon)
- Personal Assistant to the Managing Director (PA to MD) = Assistent der Geschäftsführung

Eine umfassende Darstellung englischer bzw. amerikanischer Berufsbezeichnungen bietet das folgende Nachschlagewerk: Oluf F. Konstroffer, *American Job Titles – und was sie bedeuten. Handbuch für Stellensuchende, Personalfachleute und Führungskräfte* (Nest, 1998).

# Der Lebenslauf: Curriculum Vitae (CV) oder Resume

Der CV oder Resume ist Ihre wichtigste Bewerbungsunterlage. Sie sollten sich deshalb beim Verfassen die allergrößte Mühe geben. Es gilt: Pro *job target* wird ein eigener CV erstellt, damit das Qualifikationsprofil optimal auf das Anforderungsprofil abgestimmt werden kann. Die bekannte, aus Verkauf und Werbung stammende AIDA-Formel verdeutlicht, worum es geht:

A = Attention (durch interessante und auffällige Unterlagen Aufmerksamkeit erzeugen)
I = Interest (Interesse an Ihrer Person wecken)
D = Desire (den Griff zum Hörer auslösen)
A = Action (Einladung zum Vorstellungsgespräch)

Es geht darum, die Aufmerksamkeit des Lesers bei der ersten Durchsicht der Unterlagen zu wecken. Der entscheidende Faktor ist neben den fachlichen Qualifikationen ein gelungenes Layout. Ein CV sollte deshalb immer am Computer und in tabellarischer Kurzform erstellt werden. Und bitte vergessen Sie das Märchen vom maximal einseitigen CV! Bezüglich der Länge eines englischen Lebenslaufes gibt es keine Regel, jeder sollte sich den Raum nehmen, den er braucht. Auch ein über die üblichen ein bis zwei Seiten Länge hinausgehender CV, der inhaltlich und gestalterisch überzeugt, kann den Weg zum Traumjob ebnen. Bei einem mehrseitigen CV müssen die für die Besetzung der jeweiligen Stelle möglicherweise entscheidenden Kriterien an den Anfang gestellt und mit entsprechender Deutlichkeit präsentiert werden.

Nur so wird das Interesse geweckt und der Personaler liest im zweiten Durchlauf auch die restlichen Seiten mit den detaillierten Informationen zu einzelnen Fähigkeiten und Qualifikationen. Muss nur drei bis vier Sekunden lang nach Schlüsselqualifikationen in Ihrer Bewerbung gesucht werden, kann das schon das Aus für Ihre Unterlagen bedeuten.

Nehmen wir das Beispiel eines Bewerbers im IT-Bereich: Hier bietet es sich an, am Anfang des Lebenslaufes unter einer Rubrik wie *Summary of IT-Skills* die fachspezifischen Qualifikationen stichpunktartig aufzuzählen, also in diesem Fall etwa Programmiersprachen und spezielle Hard- und Software-Kenntnisse. Auf den nachfolgenden Seiten kann dann erklärt werden, wo diese Kenntnisse erworben und bereits erfolgreich eingesetzt wurden. Entscheidend ist, dass alle Informationen einen Bezug zur angestrebten Stelle haben. Nur so entsteht das Bild eines konsequenten und zielstrebigen Bewerbers.

Generell gilt: Mit der ersten Seite des Lebenslaufes weckt man die Aufmerksamkeit des Personalers und landet auf dem zweiten Stapel zur weiteren Durchsicht. Bei einem längeren CV ist die Nummerierung der Seiten unerlässlich, denn die Blätter werden nicht geheftet und können schnell durcheinander geraten. Professionell wirkt es, wenn auf jeder Seite des Lebenslaufes neben der Seitenzahl auch der Name des Bewerbers in der Kopf- oder Fußzeile auftaucht. So kann auch im größten Chaos nichts verloren gehen, und der Personaler ist weniger gestresst.

Noch einmal zurück zu unserer AIDA-Formel. Wie gewinnen Sie einen Personaler für sich, wenn Ihr CV auf dem Stapel »eventuell interessant« landet? Bei der wichtigen und intensiveren zweiten Durchsicht muss nun der zukünftige Arbeitgeber oder der Personalberater durch eine gelungene Darstellung der bisherigen Leistungen und der erworbenen Fähigkeiten, Kenntnisse und Erfahrungen davon überzeugt werden, dass eine Zusammenarbeit von Erfolg gekrönt sein wird. Hier kommt es stark auf Zusammenhänge und Inhalte der einzelnen Tätigkeiten an. Seien Sie bei der Selbstpräsentation möglichst kurz und präzise, aber trotzdem detailliert und informativ. Und berücksichtigen Sie dabei immer, dass der interessierte Arbeitgeber einen anderen Hintergrund hat und nur wenig oder gar nicht mit unserem Ausbildungssystem oder unserer Arbeitsweise vertraut ist. Noch einmal, weil es so wichtig ist: Nebensächlichkeiten und Belangloses gehören nicht in den CV, ebenso wenig Angaben über Eltern, Religionszugehörigkeit oder Grundschulbesuch. In den USA werden Berufserfahrungen, die länger als zehn Jahre zurückliegen, nicht mehr im Resume angegeben, es sei denn, sie stehen direkt mit der angestrebten Position in Verbindung.

In einer englischen Bewerbung werden keine Angaben zur Verfügbarkeit (*availability*) gemacht. Es wird davon ausgegangen, dass der Bewerber die gewünschte Stelle kurzfristig antreten kann, denn sonst hätte er sich gar nicht erst beworben. Interessiert sich ein Arbeitgeber oder ein Arbeitsvermittler für Sie und Sie haben eine lange deutsche Kündigungsfrist zu beachten, dann stellen Sie die Lage klar, betonen Sie aber gleichzeitig die sehr hohe Chance einer gütlichen und schnellen Einigung mit dem derzeitigen Arbeitgeber über eine vorzeitige Entlassung aus dem Arbeitsverhältnis. In der Tat ist eine solche Einigung im Falle einer Kündigung Ihrerseits wahrscheinlich, da ein Arbeitgeber nur wenig Interesse daran hat, einen wenig motivierten Arbeitnehmer weiter zu beschäftigen. Und so zeigt auch die Praxis, dass kaum ein Arbeitgeber nach einem intensiven und gütlich geführten Gespräch dem ausscheidenden Angestellten Steine in den Weg gelegt hat, vorausgesetzt, laufende Projekte und Verpflichtungen werden abgeschlossen und alle Aufgaben ordentlich übergeben.

Sich zu bewerben, vor allem in einer fremden Sprache, ist Schwerstarbeit. Um Fehler zu vermeiden, sollten Sie die Unterlagen regelmäßig Korrektur lesen lassen und sich auch um ein inhaltliches Feedback kümmern. Hierzu bilden Sie am besten eine eigene »Jury«, bestehend aus ein oder zwei Englisch sprechenden Personen aus Ihrem Bekanntenkreis, die Ihre Unterlagen objektiv und ehrlich bewerten. Gehen Sie zusammen die wichtigsten Punkte durch: die äußere Gestaltung, das Ziel der Bewerbung (*job target*, s.u.) und das Bild, das Sie von sich entwerfen.

Lassen Sie die Unterlagen aus der Perspektive eines unter Zeitdruck stehenden Personalers lesen. Wird das Bewerbungsziel innerhalb weniger Sekunden deutlich? Und welche Assoziationen lässt der Lebenslauf entstehen? Herrscht bei Ihnen der Zufall oder planen Sie konsequent und langfristig? Sind Sie offen für Neues oder vorsichtig abwartend? Das Image, das eine Bewerbung vermittelt, ist wichtig, weil es zu Rückschlüssen auf »weiche« Faktoren wie Teamfähigkeit einlädt. Solche Feinheiten können allerdings meist nur von Muttersprachlern erkannt werden. Das Urteil eines *native speakers* sollte erfragt und gegebenenfalls bei der Überarbeitung Ihrer Unterlagen berücksichtigt werden.

## Formales und Inhaltliches

Im Folgenden finden Sie die formalen Standards, die beim Verfassen eines erfolgreichen CV berücksichtigt werden müssen.

### Eigene Adresse

Oben auf einen englischen Lebenslauf gehört, ebenso wie beim Covering Letter, der Name des Bewerbers mit der kompletten Kontaktadresse. Meist wird die Adresse in der Mitte platziert, man kann diese aber auch je nach Geschmack und Übersichtlichkeit links- oder rechtsbündig setzen. Im angelsächsischen Raum wird das Bewerbungsdokument mit »Curriculum Vitae« überschrieben. In einem amerikanischen Resume entfällt dagegen die Überschrift. Hier steht der Briefkopf mit Ihrer Adresse an erster Stelle. Bei der schon vorgestellten amerikanischen DIN-A3-Faltblattmappe steht die erste Seite für die eigene Adresse zur Verfügung.

Die Kontaktadresse ist so zu adressieren, dass der Empfänger durch simples Abschreiben einen Antwortbrief verfassen kann. Ähnliches gilt für die Angabe von Telefon- und Faxnummern: Hier ersetzt das international verbreitete Zeichen »+« die ersten zwei oder drei Zahlen der jeweiligen Landeskennzahl (z.B. wählt man in den USA »01149« für Deutschland, in Irland oder Großbritannien hingegen die »0049«). Die erste Null einer deutschen Städtevorwahl wird bei einem Gespräch aus dem Ausland nicht gewählt. Daraus ergibt sich die folgende Schreibweise für eine Rufnummer in Hamburg: +49/40/3990 3733. Gleiches gilt für die Faxnummer. Auch die E-Mail-Adresse sollte im Briefkopf angegeben werden.

### Gewichtung

Anders als für den deutschen Lebenslauf wird für den angloamerikanischen CV eine umgekehrt chronologische Reihenfolge gewählt. Ganz vorne im CV stehen die zeitlich aktuellsten Erfahrungen, Qualifikationen und Abschlüsse, da sie am wichtigsten sind. Danach kommen die etwas älteren und danach weitere, noch ältere Informationen. Folglich wird der Leser eines CV von der Gegenwart in die Vergangenheit des Bewerbers geführt. Diese Darstellungsweise gilt für sämtliche Angaben im CV.

## Fotos, Unterschrift, Datumsangabe und Zeugnisse

Bitte verzichten Sie auf das Anheften oder Beilegen eines Fotos sowie die Unterschrift unter einen CV. Auch eine Datumsangabe wird nicht vorgenommen, weil der Empfänger im angloamerikanischen Raum selbstverständlich davon ausgeht, dass alle Angaben auf dem neuesten Stand sind. Schließlich werden CV und Covering Letter nicht in einem Hefter verschickt und es werden, wie schon erwähnt, keinerlei Zeugnisse beigelegt.

Zum Hintergrund der fehlenden Zeugnisse: Es ist im gesamten angloamerikanischen Raum nicht üblich, dass ein Unternehmen ausscheidenden Arbeitnehmern detaillierte Zeugnisse über deren Tätigkeit oder Verantwortlichkeit ausstellt. Dort gibt es das System der Referenzen. Der Arbeitgeber in spe holt bei einem früheren Arbeitgeber, Ausbilder oder auch akademischen Ansprechpartner Auskünfte über die Person des Bewerbers ein. Die Auskünfte werden manchmal per Telefon, aber auch in schriftlicher Form mittels Fragebogen eingeholt. Vor allem bei Stellenbesetzungen, die im unteren und mittleren Bereich der Einkommensskala liegen, wird aus Zeitgründen auf die letztere Variante zurückgegriffen. Bei Führungspositionen werden dagegen weiterführende Auskünfte benötigt. Eine Referenz wird nur nach einem erfolgreich verlaufenen Interview eingeholt, und zwar um letzte Bedenken zu zerstreuen und die Ehrlichkeit, Zuverlässigkeit, Einsatzbereitschaft etc. des Bewerbers noch einmal zu überprüfen. Es kann durchaus vorkommen, dass der Arbeitgeber auch zusätzlich enge Freunde kontaktieren will, um sich ein Bild von der Persönlichkeit des Bewerbers zu machen. Übrigens: Sämtliche Kontaktaufnahmen von Seiten des Unternehmens oder einer Arbeitsvermittlungsagentur sollten mit dem Bewerber abgesprochen sein.

Man kann seine Referenzadressen, die an letzter Stelle im CV angegeben werden, frei wählen – von größtem Interesse sind aus der Sicht des Unternehmens allerdings der aktuelle und die letzten Arbeitgeber. Das vage Versprechen *references available upon request* (oder in modernem Englisch: *on request*) sollte möglichst vermieden werden. Ideale Referenzen für die Bewerbung in den angloamerikanischen Raum sind selbstverständlich aus Gründen der optimalen Kommunikation Arbeitgeber aus ebendiesem Sprachraum, aber auch deutsche Arbeitgeber oder ein deutscher Leumund sollten an der entsprechenden Stelle im CV angegeben werden. Üblich ist es, drei Referenzen anzugeben (z.B. zwei aus der Arbeitswelt und eine aus der Universität/Ausbildung).

Es reichen knappe Angaben: Name, Firmenname, Position, Anschrift und Telefonnummer.

Der zukünftige Arbeitgeber oder Vermittlungsagenturen werden, um die Angaben des Bewerbers zu überprüfen, nur die im CV als Referenz angegebenen Adressen kontaktieren, keine anderen. Alle anderswo gesammelten Erfahrungen oder Qualifikationen bleiben ungeprüft, sodass dieses Referenzsystem dazu einlädt, berufliche Stationen bei Arbeitgebern, die nicht als Referenz genannt sind, entsprechend positiver darzustellen und nicht selten auch im Sinne der Bewerbung zurechtzubiegen, z.B. in Bezug auf Inhalte, Länge oder Verantwortlichkeit. Mit solchen Halbwahrheiten sollten Sie, wie bereits ausgeführt (*extended truth*, S.105), sehr vorsichtig sein.

## Die Gliederungspunkte des Lebenslaufes

Der Übersichtlichkeit halber kann und sollte man den CV in einzelne überschriebene Abschnitte gliedern. Dabei finden sich in den unterschiedlichsten Curricula Vitae immer wieder die folgenden elementaren Elemente:

- Persönliche Daten = *Personal Details*
- Angestrebte Position = *Job Objective/Career Objective/Job Target*
- Berufliche Erfahrungen = *Work Experience* oder *Employment History*
- Berufliche Erfolge/Leistungen = *Achievements* oder *Accomplishments*
- Ausbildung, Studium, Weiterbildung etc. = *Education and Qualifications*
- Sonstige Kenntnisse und Fähigkeiten = *Skills* oder *Additional Skills*
- Persönliche Interessen, Hobbys = *Hobbies/Interests*
- Referenzen (anstelle der Zeugnisse, s.o.) = *References*

Der Curriculum Vitae ist, wie gesagt, eine Verkaufsbroschüre: Es ist alles erlaubt, was der Übersichtlichkeit und der Präsentation der eigenen »Ware« dient. So ist die vorliegende Zusammenstellung auch nur exemplarisch und soll Ihnen Anregungen für das Erstellen Ihres individuellen »Prospekts« geben. Die einzelnen Abschnitte können sich miteinander vermischen und auch andere, z.B. detailliertere Überschriften Sinn machen. Aus *Work Experience* kann *Employment History, Marketing* oder *Research Experience* werden, und für *Achievements* kann auch *Accomplishments, Publications* oder *Certifications* stehen. Die meisten Bewerber werden mit dem Grobraster von *Personal Details, Work History, Education, Additional Skills* und *References* zurechtkommen. Im Folgenden finden Sie einige weiterführende Informationen zu den einzelnen Gliederungspunkten:

Unter **Personal Details** versteht man die Angabe der Adresse, Telefon- und Faxnummer etc. sowie des Alters. In den USA werden die persönlichen Daten zumeist im selbst entworfenen Briefkopf aufgeführt, jedoch ohne Angabe des Alters.

Für einige Lebensläufe ist es förderlich, in einer Rubrik **Career Objective** die angestrebte Anstellung zu beschreiben, etwa wenn man Berufseinsteiger ist oder einen Berufswechsel anstrebt. Dies gilt vor allen Dingen dann, wenn sich Kandidaten bei privaten Arbeitsvermittlungsagenturen bewerben, wo sich täglich nicht selten Hunderte von Bewerbungen für verschiedene Aufgaben und Positionen ansammeln. Um hier eine schnelle Orientierung zu ermöglichen, sollte oben auf dem Lebenslauf unter einer Überschrift wie z.B. *Position searched, Job Target, Job Objective, Objective, Career Target, Career Objective* aufgeführt werden, welcher berufliche Pfad angestrebt wird.

Alternativ kann der gesamte Lebenslauf auch so aufgebaut werden, dass ein bestimmtes Karriereziel klar erkennbar ist. Nachdem die Agentur die Bewerbung erhalten hat, kann die telefonische Bestätigung eingeholt werden, dass man auch wirklich in der richtigen Karriereschublade gelandet ist (vgl. Nachhaken und präsent bleiben, S. 119).

Wählt man die Möglichkeit, ein Berufsziel zu formulieren, sollte die Beschreibung möglichst allgemein gehalten werden, da sich sonst die Chancen auf eine Anstellung allzu sehr verringern.

Unter **Work/Professional/Employment Experience** werden Kenntnisse und Fähigkeiten, die man auf dem freien Arbeitsmarkt oder auch durch die Ausübung von Hobbys bzw. anderer Aktivitäten erworben hat, zusammengefasst. Im angloamerikanischen Raum zählen diese praktischen Erfahrungen insgesamt mehr als Ausbildung und Titel, deshalb ist dieser Abschnitt auch der wichtigste im Lebenslauf. Dem Verfasser eines erfolgreichen CV muss das Kunststück gelingen, dem Leser glaubhaft zu machen, dass er, ausgehend von den in verschiedenen Positionen erworbenen Kenntnissen und Erfahrungen, auch zukünftige Aufgaben und Herausforderungen erfolgreich meistern wird.

Problematisch ist die Einordnung der in der deutschen Lehre oder Ausbildung erworbenen Qualifikation. Man kann diese sowohl unter der Überschrift *Education* als auch unter *Work Experience* darstellen. Wichtig ist allein, dass die vorhandenen Kenntnisse dem Personaler deutlich gemacht werden. Welches die vorteilhafteste Darstellung der eigenen Kenntnisse ist, muss jeder Bewerber selbst entscheiden.

Je nachdem, welche Vorgehensweise für den konkreten CV am meisten Sinn macht, sollte die individuelle Reihenfolge der einzelnen Bausteine vorgenommen werden. Wer beispielsweise direkt nach Beendigung der Ausbildung oder des Studiums eine Position in seinem Fach anstrebt, wird wohl am besten mit *Education* oder auch *Work Experience* eröffnen. Möchte man hingegen eventuell sein Hobby zum Beruf machen, sollte man eher mit Überschriften wie *Skills* oder *Achievements* beginnen und hier die Kenntnisse und Fähigkeiten auflisten, die durch die Ausübung dieses Hobbys erworben wurden. Selbstverständlich kann man im CV auch relevante Erfahrungen auflisten, die man außerhalb der engeren Berufswelt erworben hat. Diese können z.B. unter Überschriften wie *Volunteer Experience* oder *Other Experience* gefasst werden. Egal welchen Aufbau und welche Überschriften Sie wählen, vermeiden Sie Wiederholungen von ähnlichen Erfahrungen und Aufgaben unter verschiedenen Überschriften!

Ganz wichtig sind im angloamerikanischen Raum die **Achievements** oder **Accomplishments**: Darunter fallen Auszeichnungen und Belobigungen, erfolgreich abgeschlossene Verträge, Publikationen, Patente, Mitgliedschaften, kurzum alles, was auf das Engagement und die tiefer gehende Motivation des Kandidaten im Hinblick auf die angestrebte Tätigkeit schließen lässt.

Weiterhin wichtig sind Sprachen (englische Muttersprachler sind in der Regel etwas fremdsprachenfauler) und natürlich IT-Kenntnisse, welche unter die Überschrift *Skills* oder *Additional Skills* fallen können. Nochmals zur Erinnerung: Versetzen Sie sich in die Lage des Arbeitgebers und überlegen Sie, welche Qualifikationen oder persönlichen Fähigkeiten von besonderer Bedeutung für die Ausübung der angestrebten Position sein könnten.

Unter die Überschrift **Education** gehören Schulbildung und gegebenenfalls Ausbildung bzw. Studium (zu den Abschlüssen vgl. S. 105).

Nach der Wahl der aussagekräftigsten Überschrift folgt eine kurze, aber präzise Beschreibung des Aufgaben- und Verantwortungsbereiches. Wie zuvor bereits erwähnt, sollte man bei der Darstellung sehr gewissenhaft vorgehen. Konkrete Angaben sind immer sehr viel sinnvoller als vage Formulierungen, die es generell zu vermeiden gilt. Die erforderlichen Eckdaten sind:

- Zeitraum der Beschäftigung/der Ausbildung/ des Studiums
- Stellenbezeichnung
- Name des Arbeitgebers
- Ort
- Verantwortungs-/Aufgabenbereich

## Chronologischer versus funktioneller Aufbau des Lebenslaufes

Der strukturelle Aufbau eines CV kann grundsätzlich auf zwei Arten erfolgen. Entweder chronologisch, beginnend mit der letzten Anstellung, oder aber geordnet nach Kenntnissen und Fähigkeiten. Manchmal kann auch eine Mischung der beiden Muster sinnvoll sein.

Ein rein **chronologischer CV** bietet sich für eine stetige und auf ein Ziel ausgerichtete Karriere an. Der Lebenslauf muss lückenlos sein, und es sollte ein »roter Karrierefaden« erkennbar sein. Dieses Vorgehen ist ideal für Kandidaten, die verschiedene Erfahrungen in einer Branche gesammelt haben und beständig bemüht sind, in diesem Bereich auf der Karriereleiter weiter nach oben zu klettern. Bausteine für diese Variante sind:

- *Personal Details* (Name, Adresse, Telefon, Fax, E-Mail)
- *Career Objective* (optional)
- *Professional/Work Experience* und *Accomplishments*
  - Von – bis (heute):
  Jobbezeichnung – Arbeitgeber – Ort
  Beschreibung des essenziellen Verantwortungs- und Aufgabenbereichs, Auszeichnungen, Belobigungen, Erreichtes, *Incentives* (Leistungsprämien), Weiterbildungen, Abendkurse etc. Die einzelnen Angaben müssen in direktem Zusammenhang mit der gewünschten Position stehen.
  - Von – bis:
  Jobbezeichnung – Arbeitgeber – Ort
  Kürzere Beschreibung von Aufgaben und Verantwortung, wichtigste Auszeichnungen, Belobigungen, Erreichtes, Weiterbildungen, Abendkurse etc. Wiederum sollte der Zusammenhang mit der gewünschten Position erkennbar sein.
  - Von – bis:
  Jobbezeichnung – Arbeitgeber – Ort
  Kurze Beschreibung von Verantwortung und Aufgaben, die mit der angestrebten Position in Zusammenhang stehen.
  - Von – bis:
  Jobbezeichnung – Arbeitgeber – Ort
  Sehr kurze Beschreibung von Verantwortung/ Aufgaben, die für die angestrebte Position relevant sind.
- *Education* (Abschlüsse, Seminare, Trainings, Zertifikate etc.)
- *Hobbies* (Teamsportarten, Kultur, Gesundheit etc.)
- *References* (zwei bis drei Unternehmen/Universität, Referenzen mit Jobtitel, Adresse und Telefonnummer des Ansprechpartners)

Der **Funktionale CV** oder *Skills CV* ist nach den in Ausbildung oder Berufsleben erworbenen Fähigkeiten und Kenntnissen geordnet. Gliederungspunkte können Begriffe aus Arbeitsbereichen, Wissensgebieten oder Namen von Produkten (z.B. Software), aber auch andere plakative Überschriften sein. Ein ausschließlich nach Kenntnisgebieten geordneter CV eignet sich besonders für einen Lebenslauf, der große Lücken oder Sprünge aufweist. Aber auch bei Erfahrungen in ganz unterschiedlichen Arbeitsbereichen, für Berufswechsler oder für Bewerber mit nur sehr geringer praktischer Berufserfahrung ist er sinnvoll.

Bei der funktionellen Gliederung sind die einzelnen Fähigkeiten oft schwieriger in einen sinnvollen Zusammenhang zu bringen als bei einem chronologischen Vorgehen. Damit der Leser sich innerhalb weniger Sekunden über das nächste beruflich angestrebte Ziel des Bewerbers im Klaren ist, sollte man hier die Rubrik *Career Objective* oder *Job Target* am Anfang des CV einfügen. Bausteine für einen funktionellen CV wären:

- *Personal Details* (Name, Adresse, Telefon, Fax, E-Mail)
- *Desired Job Title/Career Objective*
- *Professional Experiences* und *Accomplishments*
  - *1. Top Skill* (für das Berufsziel unabdingbar)
  - *2. Top Skill* (für das Berufsziel ebenfalls unabdingbar)
  - *3. Top Skill* (für das Berufsziel förderlich)
  - *Another Skill* (für das Berufsziel förderlich)
- *Field/Area of Proficiency* (Spezial-, Fachgebiet, in dem die oben erwähnten Kenntnisse erworben wurden)
- Fachliche Erfolge
  - Erfahrung im Umgang mit wichtigen Werkzeugen/Hilfsmitteln/Software/Prozessen/Konditionen
  - Liste von Kursen/Selbststudien etc. (fachliches Wissen)
- *Work History* (nur in Stichpunkten, Zeitraum, Jobbezeichnung, Arbeitgeber und Ort)
- *Education* (Abschlüsse, Seminare, Trainings, Zertifikate etc.)
- *Hobbies* (Teamsportarten, Kultur, Gesundheit etc.)
- *References* (zwei bis drei Referenzen mit Angabe von Unternehmen/Universität mit Jobbezeichnung, Adresse und Telefonnummer des Ansprechpartners)

Selbstverständlich können auch chronologische und funktionelle Gliederungspunkte kombiniert werden. Hier ist allerdings die Gefahr sehr groß, dass der CV/Resume unübersichtlich wird. Bitte achten Sie darauf, dass sich die einzelnen Fähigkeiten in den unterschiedlichen Abschnitten nicht wiederholen.

# Das Anschreiben: Covering Letter oder Cover Letter

Das Anschreiben wird für jede angestrebte Position individuell angefertigt. Allen, die bei dieser Vorstellung einen Schreck bekommen, sei gesagt: Es gibt Möglichkeiten, ein Anschreiben kurz und einfach zu halten und trotzdem kompetent zu wirken. Damit entfällt ein großes Hindernis für viele, deren gesprochenes Englisch und Hörverständnis sehr gut sind, die aber Probleme mit dem Schreiben haben und denen es davor graust, einen zusammenhängenden Text in vollendetem Englisch zu formulieren.

Voraussetzung für ein **kurzes Anschreiben** ist der vorherige persönliche Kontakt mit dem richtigen Ansprechpartner bzw. Entscheidungsträger, nicht der Sekretärin. Während eines telefonischen Sondierungsgesprächs, bei dem der Gesprächspartner sein (echtes!) Interesse an der Bewerbung äußert, kann der Bewerber nebenbei fragen, ob es möglich ist, den CV kurz zu faxen oder als E-Mail zu schicken. Als Fax-Anschreiben kann man hier einen so genannten *compliment slip* verwenden, den wir schon von den Bewerbungsbeispielen her kennen (vgl. Bewerbung von Johannes Grau, S. 64). Auf dem Slip wird deutlich der Name des Ansprechpartners und eventuell auch der Firma mit der angewählten Faxnummer vermerkt. Beispiel:

> For Andrew Mullins oder
> F.A.O. Andrew Mullins
> Barnes & Nobles Ltd
> Fax: +1 12345 2345

Dazu eine Zeile, die etwa so lauten kann:

> »Regarding our recent telephone conversation, I am sending you my application for the position of …«

Viel mehr Informationen kann ein *compliment slip* nicht aufnehmen.

Auch eine standardisierte DIN-A4-Faxvorlage mit den entsprechenden Überschriften kann verwendet werden.

Bei Interesse an der Person wird sich der Personalentscheider mit dieser Form der Bewerbung einverstanden erklären. Wichtig ist, neben allen Formalien, dass dem Ansprechpartner das Fax oder die E-Mail dann auch innerhalb weniger Stunden vorliegt. Schickt man seinen CV erst am nächsten Tag oder noch später, dann war der erste Kontakt umsonst. Der Adressat könnte das Gespräch bereits vergessen haben und muss sich erst mühsam erinnern. Solche Fax- oder E-Mail-Bewerbungen sind insbesondere bei privaten Arbeitsvermittlungsagenturen gängige Praxis. Wenn möglich, lassen Sie sich den Namen Ihres Ansprechpartners immer buchstabieren. Englische Namen werden oft anders geschrieben, als sie sich anhören.

Das Verschicken der Bewerbungsunterlagen per E-Mail (siehe S. 117), kann ebenfalls mit einem sehr kurzen Anschreiben erfolgen. Hier wird die Eingabemaske im ASCII-Textformat (*American Standard Code for Information Interchange*) für ein kurzes Anschreiben benutzt und der CV als angehängte Datei (*Attachement*) mitgeschickt. Schlüsselqualifikationen können eventuell kurz mit Aufzählungszeichen dargestellt werden. Parallel zur Versendung der Unterlagen per Fax oder E-Mail werden die Unterlagen mit der Post verschickt. Eine Bezugnahme auf die bereits gesendeten Unterlagen und auf den Gesprächspartner sollte eingefügt sein.

Nach diesen allgemeinen Hinweisen möchten wir Ihnen zeigen, welche Regeln beim Verfassen des Covering Letter zu beachten sind. Da man im englischsprachigen Raum nicht so viel Regelungsbedarf beim Schriftverkehr sieht, gestaltet sich das Layout etwas freier als bei uns, wo – wie könnte es anders sein – auch die Geschäftskorrespondenz einer einheitlichen Regelung unterlegt. Ganz wichtig ist allerdings auch für die englische Bewerbung, dass die Länge des Anschreibens eine Seite nicht überschreiten darf. Gehen wir im Einzelnen von oben nach unten vor:

### Die eigene Adresse

An erster Stelle sollte auf dem Covering Letter die eigene, vollständige Adresse (mit Telefonnummer, Faxnummer, E-Mail, ggf. Handynummer etc.) links oder rechts oben erscheinen. Dies erübrigt sich natürlich, wenn Sie unserem Vorschlag gefolgt sind und einen eigenen Briefkopf entworfen haben.

Übrigens: Für unsere Augen ungewohnt, aber im angloamerikanischen Raum durchaus üblich, muss Ihr Name in der Absenderzeile nicht unbedingt genannt werden, denn er soll in jedem Fall noch einmal ausgedruckt unter Ihrer Unterschrift auftauchen.

### Das Datum

Die genaue Position des Datums ist nicht fest vorgeschrieben. Sie können das Datum nach Ihrer Anschrift einfügen und es je nach Geschmack und Dokumentaufbau rechts- oder linksbündig platzieren. Die korrekte Schreibweise für Großbritannien ist Tag/Monat/Jahr, also z.B. 2 December 1999, während in den USA die Regel Monat/Tag/Jahr gilt, also December 2, 1999, wobei das Jahr mit einem Komma abgetrennt wird. Man kann auch auf die etwas veraltete Schreibweise 2nd December 1999 bzw. December 2nd, 1999 zurückgreifen. Der Ort der Absendung wird jedoch weder im angelsächsischen noch im amerikanischen Raum erwähnt.

### Adressat des Anschreibens

Jetzt folgt der korrekt geschriebene Name des Adressaten Ihrer Bewerbung und die Postadresse des Unternehmens.

### Die Anrede

Unter dem Block mit Adressen- und Datumsangaben wird nun die Anrede des Briefpartners platziert. Wir haben an anderer Stelle schon erwähnt, wie wichtig es ist, im englischsprachigen Raum einen konkreten Ansprechpartner beim Namen nennen zu können. Das klassische deutsche »Sehr geehrte Damen und Herren« in der übersetzten Ausformung »Dear Sir or Madam« oder »Dear Sirs« in einem Covering Letter zu bemühen ist unüblich, da ein Personaler im angloamerikanischen Raum in diesem Fall davon ausgeht, dass es sich um einen wenig motivierten Bewerber handelt, der sich noch nicht einmal die Mühe gemacht hat, den richtigen Ansprechpartner zu ermitteln. Ein weiterer Nachteil: Fehlt die richtige Kontaktperson, dann fühlt sich insbesondere bei Initiativbewerbungen auch niemand zuständig, und die Unterlagen landen oft im Papierkorb.

Zur persönlichen Anrede: Die Pendants zu Herr, Frau und Fräulein sind Mister, Mistress (*mistress* ist heute der umgangssprachliche Begriff für die Geliebte) und Miss. Im angloamerikanischen Raum werden bei der schriftlichen Korrespondenz in der Anrede zumeist nur Abkürzungen verwendet: »Mr«, »Mrs« und »Miss« (nicht mehr ganz zeitgemäß). Ist man sich nicht sicher, ob die angesprochene weibliche Person verheiratet ist oder nicht, kann man sie unverfänglich und immer richtig mit »Ms« betiteln. Im britischen, asiatischen und australischen Raum werden die Abkürzungen »Mr«, »Mrs« und »Ms« ohne, in den USA mit Punkt geschrieben. Diese Feinheiten sind jedoch wenig relevant, so trifft man auch in Großbritannien auf die Variante mit einem Punkt nach den Abkürzungen: »Mr.«, »Mrs.« und »Ms.«. Nun können Sie, müssen aber nicht, ein Komma setzen und dann in jedem Fall den ersten Satz Ihres Textes mit einem Großbuchstaben beginnen. In den USA gibt es wiederum eine andere Regelung, hier wird die Anrede in Geschäftsbriefen generell mit einem Doppelpunkt abgeschlossen und danach geht es mit einem Großbuchstaben weiter. In privaten Briefen wird hingegen die oben genannte Kommaregelung angewendet.

### Die Betreffzeile

Auch im angloamerikanischen Raum wird in der Regel eine Betreffzeile verwendet, sie ist allerdings kein »Muss«. Wie im Deutschen bezieht man sich bei der Betreffzeile auf die ausgeschriebene Stelle, auf ein Telefonat etc. Anders als bei deutschsprachigen Geschäftsbriefen wird der Betreff nach der Anrede platziert und durch Fettschreibung oder Unterstreichung hervorgehoben. Am Anfang dieser Zeile steht »RE:« (*with reference to*). Es ist auch möglich, den Grund des Schreibens in einem einleitenden Satz zu erwähnen, wie z.B.: »Referring to our recent telephone conversation I am sending you my application for the position …«

**Der Bewerbungstext**

Nun folgt Ihr frei formulierter und ausgeschriebener »Bewerbungstext«, mit dem Sie auf Ihre Person und Ihre Fähigkeiten aufmerksam machen wollen.

Bei der Bewerbung auf ein Stellenangebot aus der Zeitung oder dem Internet geht man im Covering Letter ähnlich vor wie im deutschen Bewerbungsanschreiben. Nach einem einleitenden Satz geht es zunächst darum, mit wenigen Worten zu beschreiben, warum man für die ausgeschriebene Stelle geeignet ist und sich gerade für diese Stelle interessiert.

Am sinnvollsten ist es, auf das Qualifikationsprofil der Stellenanzeige im Covering Letter Punkt für Punkt einzugehen. Hier bietet sich z. B. eine stichpunktartige Aufzählung an. Verlangt das Unternehmen beispielsweise

»A graduate, you should have at least 1 years' solid marketing experience under your belt and awareness of the financial services industry. You are already a confident communicator who is creative, logical and practical. As well as being highly analytical and good with figures, you should have a good level of PC literacy«,

dann könnte man diese Anforderungen wie folgt »abarbeiten«:

- MBA (»Diplom in Betriebswirtschaftslehre«)
- two years experience as a marketing executive at the Deutsche Bank/Frankfurt
- responsible for a budget of 600,000 DM/year
- owner of a PC for the last six years

Denkbar ist aber auch jedes andere Vorgehen, solange es dem Verantwortlichen in kürzester Zeit klarmacht, dass alle geforderten Qualifikationen vorhanden sind, um die ausgeschriebene Position erfolgreich zu bekleiden. (Bitte auch »weiche« Faktoren wie Teamgeist, Kommunikationsfähigkeit etc. nicht vergessen.) Wiederum gilt: Je wichtiger Kreativität für die Anstellung ist, desto ausgefallener kann der Covering Letter gestaltet sein. Wie bereits dargestellt, sollte er zwar informativ, aber dennoch kurz und übersichtlich sein. Insbesondere bei Bewerbungen über eine Arbeitsvermittlung sollten die Schlüsselqualifikationen kurz und prägnant dargestellt werden, denn in der Regel hat der Covering Letter bei der Stellensuche über eine Agentur eine geringere Bedeutung als bei einer Bewerbung auf das direkte Stellenangebot eines Unternehmens.

Nach der Darstellung der eigenen Qualifikation können, am besten in knappen Worten, die eigene Motivation und das Interesse an dieser speziellen Position dargelegt werden. Dabei sind im Vorfeld über das Unternehmen eingeholte Informationen hilfreich. Beispiel:

»The marketing strategy of Nationwide is known for its creative and innovative methods and I would like to contribute to the success of the marketing department of your building society. I was especially impressed with your recent marketing campaign and TV-adverts which did so well, helping you to increase your turnover by 30%. For the last three years I have been working for Werbewirtschaft Deutschland, a well known advertising agency in Hamburg. As an account executive I was responsible for the campaign for the LBS (German building society), Hamburger Abendblatt (Famous German Newspaper), Sixt (Car rentals) and Mercedes …«

**Die Verabschiedung**

Schließlich müssen Sie sich nur noch verabschieden und sich den Schweiß von der Stirn trocknen. Sie haben Ihr Gegenüber wie verlangt mit dem Namen angesprochen und verabschieden sich nun formvollendet mit »Yours sincerely« – ohne Komma. Danach folgt Ihre Unterschrift und deren gedruckte Wiederholung. Im angelsächsischen Raum verabschiedet man sich bei unbestimmten Anreden wie »Dear Sirs« oder »Dear Sir/Madam« mit »Yours faithfully«, welches ebenfalls »Mit freundlichen Grüßen« heißt. In den USA und dem Rest der englischsprachigen Welt benutzt man aber auch im Falle einer unbestimmten Anrede unbedingt »Sincerely«, nicht »Yours faithfully«. Darüber hinaus sind auch andere Verabschiedungen gebräuchlich, so schreibt man anstelle von »Yours sincerely« einfach nur »Sincerely« oder in den USA »Sincerely yours«. Bitte schließen Sie den Covering Letter nicht mit »Kind regards« ab. Diese Verabschiedung klingt zu salopp.

**Anlagen**

Jetzt sollten Sie noch schnell mit *Enc.* (*Enclosure*) oder *Encs.* (*Enclosures*) erwähnen, dass eine – Ihr CV – oder auch mehrere Anlagen beigefügt sind. Die Dokumente

# Das Verschicken der Unterlagen

werden nicht im Einzelnen aufgeführt.

Da man sich im gesamten englischsprachigen Raum nicht mit einer Mappe, sondern in der Regel nur mit einem Covering Letter und CV/Resume bewirbt, ist das Verschicken der Unterlagen wesentlich einfacher und auch kostengünstiger als bei uns. Es ist dort nicht üblich, Bewerbungsunterlagen wieder an den Absender zurückzuschicken. Die Unterlagen landen nach der Begutachtung entweder im Papierkorb, werden eingescannt oder archiviert. Insbesondere beim Kontakt mit Arbeitsvermittlungsagenturen ist es üblich, Bewerbungen per E-Mail oder Fax zu versenden. In diesem Fall kann oder sollte man seine Unterlagen parallel auch per Post verschicken, denn eine gut gestaltete Bewerbung wirkt auf dem Papier ansprechender und optisch überzeugender. Hier ist der kreative Spielraum durch die Wahl des Papiers, der Schrift oder des Layouts am größten. Folglich sollte man sich auf attraktive Stellenangebote, bei denen eine Vielzahl von Mitbewerbern zu erwarten ist, eher per Post als per E-Mail oder Fax bewerben. Auf der anderen Seite braucht ein Brief in die USA bis zu einer Woche, eine E-Mail dagegen nur wenige Sekunden. Und falls der Lebenslauf als Word-Dokument an die E-Mail angehängt werden kann, eröffnen sich auch auf dem elektronischen Weg umfangreiche gestalterische Möglichkeiten. Allerdings gibt es auch dabei einen Nachteil: Es ist nicht sicher, ob der Empfänger mit seinem Programm Ihr Dokument so öffnen kann, wie Sie es verschickt haben. Schriften und Seitenumbrüche können sich dabei zum Beispiel verändern. Welcher Weg für Sie der beste und effektivste ist, sollten Sie deshalb für den konkreten Fall entscheiden.

Tipp: Für diverse Anstellungen kann es von Vorteil sein, aus dem Ausland zu kommen, denn dies weckt unter Umständen das Interesse des Personalers. Oftmals ist es aber auch hinderlich für die Jobsuche. An dieser Stelle der Tipp, damit Sie nicht gleich in der Kategorie »exotische Ausländer« und damit im Papierkorb landen: Falls es Ihnen möglich ist, bemühen Sie sich um eine lokale Adresse bei Freunden oder Verwandten und geben Sie diese in der Bewerbung an. Unglaubwürdig wird ein solches Vorgehen, wenn der Personaler die Unterlagen mit deutscher Briefmarke oder Telefon- und Faxnummer auf den Tisch bekommt.

**Per Post**

CV und Covering Letter (auch die US-Variante mit der kleinen Mappe) werden einfach gefaltet in einen C5-Umschlag oder ungefaltet in einen A4-Umschlag gesteckt. Dieser muss natürlich ausreichend frankiert sein. Solange der Brief nicht zu dick wird (eine Seite Anschreiben und max. zwei Seiten Lebenslauf), kann die Bewerbung in einem C6-(1/3 DIN-A3)-Umschlag versandt werden.

Die Empfängeradresse sollte sehr ordentlich per Hand oder noch besser mit dem Drucker auf den Briefumschlag geschrieben werden – denken Sie auch an die Länderangabe. Noch schöner und repräsentativer kann es aussehen, wenn man eigenes Briefpapier mit Briefkopf und Absenderzeile in einem Umschlag mit Fenster verschickt. Briefumschlag und Papier müssen zusammenpassen und von guter Qualität sein. Bunte und schöne deutsche Sondermarken lenken die Aufmerksamkeit des Empfängers auf den Umschlag.

Tipp: Beim Versenden von Blind- oder Initiativbewerbungen kann man mit dem Zusatz »confidential« (persönlich) auf dem Briefumschlag die Wahrscheinlichkeit erhöhen, dass die Bewerbung auch wirklich auf dem richtigen Schreibtisch landet.

**Per E-Mail**

Grundsätzlich gibt es zwei Möglichkeiten, eine Bewerbung per E-Mail zu verschicken: Entweder in der E-Mail selbst, also als ASCII-Text, oder als eigene Datei, welche an die E-Mail angehängt wird (*Attachment*).

Der Vorteil des ersten Verfahrens liegt darin, dass jeder Empfänger, unabhängig von benutzten Programmen und Software, die Unterlagen lesen kann. Leider gibt es bei diesem Verfahren nur einen geringen gestalterischen Spielraum. Hier ist die E-Mail mit Attachment im Vorteil.

Bei beiden Verfahren ist Folgendes zu beachten: Die E-Mail sollte immer an die persönliche Adresse des Personalbearbeiters gerichtet sein oder, falls nicht vorhanden, an die E-Mail-Adresse der Abteilung. Es ist, speziell bei großen Unternehmen, unbedingt zu vermeiden, die E-Mail an eine allgemeine E-Mail-Adresse zu schicken. Es müsste in dem Fall schon ein Wunder geschehen, damit die Bewerbung doch noch den richtigen Adressaten erreicht.

Die E-Mail sollte auf jeden Fall in der Subject- oder Betreffzeile eine eindeutige Beschreibung Ihres Anliegens sowie den Namen des Ansprechpartners enthalten.

Der Aufbau der Bewerbungs-E-Mail ähnelt dem Schema, das Sie bereits für Covering Letter und CV/Resume auf Papier kennen gelernt haben. Nach einer persönlichen Anrede folgt eine kurze Darstellung des Anliegens und der Person des Bewerbers. Dieser Abschnitt entspricht dem Covering Letter und sollte auf jeden Fall als ASCII-Text innerhalb der E-Mail geschrieben werden. Dieser dem Anschreiben entsprechende Teil muss den Personaler neugierig machen, sich entweder den CV als ASCII-Text durchzulesen oder aber das Attachment zu öffnen. Die eigene Adresse mit Telefonnummer und E-Mail-Adresse muss im Anschreiben und auch im CV angeben werden, dabei kann man diese Daten, im Gegensatz zum Bewerbungsschreiben, am Anfang oder am Ende platzieren. Eine eigene Homepage sollte selbstverständlich in der E-Mail erwähnt werden, dies entbindet Sie aber nicht von der Pflicht, ein kurzes und deutliches Profil Ihrer Person zu erstellen.

Falls die Bewerbung als optimal gestaltete Textdatei versendet werden soll, muss man wissen, welches Textverarbeitungsprogramm der Ansprechpartner benutzt. In der Regel benutzen 80 bis 90% aller Büros ein MS-Word-Textprogramm oder haben zumindest direkten Zugriff auf ein solches und können in diesem Format abgespeicherte Dokumente lesen. Am sichersten ist das Speicherformat MS-Word 95 (Version 6.0), es kann sowohl von älteren als auch von neueren Versionen erkannt und gelesen werden (MS-Word 97 und 2000 sind nicht abwärtskompatibel).

Man sollte aber auf keinen Fall einfach davon ausgehen, dass der Ansprechpartner dieses Textformat öffnen kann, dafür kursieren zu viele unterschiedliche nicht-kompatible Programme. Deshalb ist beim Sondierungstelefonat auf jeden Fall zu erfragen, welche Textverarbeitung benutzt wird. Bitte scannen Sie kein Foto ein und sorgen Sie dafür, dass das gesamte Attachment nicht wesentlich größer als 50 Kilobyte ist. Verschicken Sie das Dokument unkomprimiert. Achtung, Apple-Macintosh-Benutzer! Oft ist ein auf Macintosh in Word erstelltes Dokument auf einem PC nicht lesbar (insbesondere unter Windows NT). Umgekehrt ist es auf dem Macintosh meist möglich, ein PC-Dokument zu öffnen.

**Per Fax**

Die Bewerbung per Fax eignet sich besonders bei privaten Arbeitsvermittlern und in Branchen, in denen ein potenzieller Mangel an Kandidaten herrscht, wie z.B. weltweit in den Bereichen IT/EDV, in England/Irland an deutschsprachigem Verkaufspersonal, Übersetzern oder Supportangestellten. Soll es schnell gehen oder interessiert sich ein Personaler spontan für einen Kandidaten, so kann man schon bei einem Sondierungstelefonat aufgefordert werden, die Unterlagen zuzufaxen. Sie können in diesem Fall einen vorher vorbereiteten *compliment slip* als Covering Letter benutzen (siehe S. 114). Darauf notieren Sie bitte den Ansprechpartner, zu dessen Händen die Unterlagen weitergeleitet werden sollen, das Datum und die Anzahl der folgenden Seiten. Da das Layout von gefaxten Unterlagen häufig sehr zu wünschen übrig lässt, sollten die Bewerbungsunterlagen parallel zum Fax auch per Post verschickt werden.

Beim Faxen sollte unbedingt darauf geachtet werden, dass jedes Blatt einzeln eingelegt wird. Auf diese Weise können Fehler beim Empfang vermieden werden, z.B. falsche Seitenumbrüche oder die berüchtigte Endlosmessage.

Im angloamerikanischen Raum muss man nach dem

# Nachhaken und präsent bleiben

Verschicken der Unterlagen unbedingt präsent bleiben. Damit bezeugt man Motivation und Professionalität. Bei einem Telefonat, das spätestens drei oder vier Tage nach Versendung der Bewerbungsunterlagen stattfindet, sollte nachgefragt werden, ob die Unterlagen auch wirklich angekommen sind, ob eventuell noch Unklarheiten bestehen oder noch weitere Informationen vonnöten sind, wo man als Bewerber steht, wie die Chancen aussehen etc. Ohne das Sondierungstelefonat und das Nachhaken sind die Chancen, einen interessanten Arbeitsplatz im Ausland zu bekommen, fast gleich Null. Dies gilt speziell dann, wenn mit inländischer Konkurrenz zu rechnen ist.

Auf dieses wichtige Telefonat sollten Sie sich gut vorbereiten. Sprechen Sie nicht zu aufdringlich, aber auch nicht unterwürfig, nicht zu laut, aber auch nicht mit zu leiser Stimme. Es lohnt sich, das Gespräch schriftlich vorzubereiten und mit Freunden durchzuspielen, um im entscheidenden Moment nicht allzu sehr ins Stocken zu geraten. Kleine sprachliche Probleme und Patzer werden gerne verziehen – größere Pausen, in denen man um Worte ringt, sind jedoch sehr unerfreulich, denn auch englischsprachige Entscheidungsträger haben nur sehr selten Zeit und Geduld, einem stockenden Gespräch zu folgen.

Achten Sie auf die Stimmung am anderen Ende der Leitung. Bei einem gereizten »Yes« nach der Vorstellung (»My name is …«) sollte man einem negativen, aufdringlichen Eindruck vorbeugen und schnellstens die Frage stellen, ob der Anruf ungelegen kommt.

Bekommt man Zeit, sein Anliegen vorzutragen, dann sollte dies schnell und präzise passieren. Jetzt zeigt sich, wie gut die Vorbereitung war.

Am Ende unseres Ratgebers angekommen, wünschen wir Ihnen nun ganz viel Erfolg in dieser herausfordern-

# Wichtige Adressen und weiterführende Literatur

den Bewerbungsphase!

## Adressen von Institutionen zur Stellensuche

### Für Studenten

- Deutscher Akademische Austauschdienst e.V. (DAAD)
  Kennedyallee 50, 53175 Bonn
  Tel.: 02 28/8 82-0
  Fax: 02 28/8 82-4 44
  www.daad.de
- AIESEC e.V.
  Deutsches Komitee
  Subbelrather Str. 247, 50825 Köln
  Tel.: 02 21/55 10 56
  Fax: 02 21/5 50 76 76
  www.de.aiesec.org
- IASTE
  Deutsches Komitee
  Kennedyallee 50, 53175 Bonn
  Tel.: 02 28/88 22 31
  Fax: 02 28/88 25 50

### Für alle Arbeitnehmer

- Carl-Duisberg-Gesellschaft e.V.
  Weyerstr. 79
  50676 Köln
  Tel.: 02 21/20 98-102 und 148
  Fax: 02 21/20 98-111
  www.cdg.de
- Zentralstelle für Arbeitsvermittlung der Bundesanstalt für Arbeit
  Feuerbachstr. 42
  60325 Frankfurt am Main
  Tel.: 069/71 11-0
  Fax: 069/71 11-555

## Internet-Adressen

### Deutsche Web-Adressen

- DV-Jobs
  www.dv-jobs.de
- Die Zeit – Stellenmarkt
  www.jobs.zeit.de
- Careernet
  www.careernet.de
- Jobs & Adverts
  www.job.de
- Stepstone
  www.stepstone.de

### Großbritannien

- Jobs Unlimited
  www.jobsunlimited.co.uk
- Mediamarket
  www.emap.co.uk/media
- JobServe
  www.jobserve.com
- Planet Recruit
  www.planetrecruit.co.uk
- English Nursing Board
  www.enb.org.uk
- Careersoft
  www.careersoft.co.uk
- UK Directory
  www.ukdirectory.co.uk

### Irland

- Info Live
  www.infolive.ie
- The Irish Times Recruitment
  www.ireland.com/recruit

## USA

- CareerMosaic
  www.careermosaic.com
- E.span
  www.espan.com
- JobTrak
  www.jobtrak.com
- CareerCity
  www.careercity.com
- Jobnet
  www.jobnet.com
- Monster Board
  www.monster.com
- Careercast
  www.careercast.com
- Worldpoint
  www.worldpoint.com
- Journalism Jobs
  www.uwire.com/jobs
- Exec-U-Net
  www.execunet.com
- Jobs for Programmers
  www.prgjobs.com
- BankJobs
  www.bankjobs.com
- MBA Central
  www.mbacentral.com
- Star Chefs
  www.starchefs.com
- MedZilla
  www.medzilla.com
  National Educators Employment Review
  www.thereview.com
- National Technical Employment Services
  www.ntes.com
- ShowBizJobs
  www.showbizjobs.com
- MedSearch
  www.medsearch.com
- Cool Works
  www.coolworks.com

## Kanada

- Canada Wide
  www.canada-wide.com
- The Canadian employment search network
  canjobs.com
- CareerMosaic Canada
  canada.careermosaic.com
- The Monster Board Canada
  english.monster.ca

## Australien und Neuseeland

- Byron Employment Australien
  www. byron.com.au
- Jobnet Neuseeland
  www.jobnetnz.co.nz
- Career Mosaic Neuseeland
  www.career.co.nz
- JobNet
  www.jobnet.com.au
- Monster Board Australia
  www.monsterboard.com.au

# Literatur

- Klaus Schürmann/Suzanne Mullins: Weltweit bewerben auf Englisch. Frankfurt am Main: Eichborn, 2001.
- Klaus Schürmann: Großbritannien – Bewerben, Jobs und Studium. Interconnections Verlag, Freiburg 1999.

# Alles über die perfekte Bewerbung in einem Band

Jürgen Hesse
Hans Christian Schrader
**Die perfekte Bewerbungsmappe**
kreativ – überzeugend – erfolgreich
144 S. • Pb • Mappenformat
DM 29,80 • öS 218,– • sFr 27,50
Ab 01.01.2002: € 14,90 (D)
ISBN 3-8218-1646-5

Nur mit überzeugenden schriftlichen Unterlagen hat der Bewerber eine Chance auf ein persönliches Vorstellungsgespräch und damit Aussicht, den angestrebten Arbeitsplatz zu erobern.

Wie erfolgreiche Kandidaten mit unterschiedlichsten Berufswünschen bei ihrer Bewerbung für

- Anschreiben
- Lebenslauf
- Foto
- Anlagen wie die »Dritte Seite«

neue und beeindruckende Wege der schriftlichen Präsentation gefunden haben, zeigen ausgewählte Beispielmappen in diesem Buch.

Kaiserstraße 66
60329 Frankfurt
Telefon 069 / 25 60 03-0
Fax 069 / 25 60 03-30
Wir schicken Ihnen gern ein Verlagsverzeichnis.

# So bewerben Sie sich übers Internet

Svenja Hofert
**Praxismappe für die perfekte Internet-Bewerbung**
Ausführliche Anleitungen
und Tipps für E-Mail-, Online-
und Multimedia-Bewerbung
sowie die eigene Bewerbungs-Homepage
96 S. • Pb • Mappenformat
DM 29,80 • öS 218,– • sFr 27,50
Ab 01.01.2002: € 15,90 (D)
ISBN 3-8218-1569-8

Wie man das Medium Internet für die perfekte Online-Bewerbung effektiv nutzen kann, zeigt diese Praxismappe. Das besondere Mappenformat ermöglicht dabei eine übersichtliche visuelle Präsentation der einzelnen Screenshots, so daß die erforderlichen Schritte direkt am PC nachvollzogen werden können.

Die Online-Expertin Svenja Hofert informiert über

- Bewerbungsformen im Internet
- Dateiformate
- Textgestaltung
- Software
- Umgang mit Online-Formularen
- multimediale Gestaltungsmöglichkeiten

 Eichborn.
Kaiserstraße 66
60329 Frankfurt
Telefon 069 / 25 60 03-0
Fax 069 / 25 60 03-30
Wir schicken Ihnen gern ein Verlagsverzeichnis.

# Haben Sie innerlich schon gekündigt?

# Vorsicht Bewerbungsfalle!

# Danke Herr Müller, Sie hören von uns.

# Kein Respekt mehr vor Ihrem Boss?

*Mit uns macht Ihr Können Karriere.*

Das Büro für Berufsstrategie bietet Ihnen individuellen Rat und Unterstützung in allen Fragen zum Thema Beruf und Karriere. Wir sagen Ihnen, worauf es ankommt und trainieren Sie für Tests oder Assessment Center. Darüber hinaus checken wir Ihre Bewerbungsunterlagen und Arbeitszeugnisse oder bereiten Sie auf Vorstellungsgespräche und Gehaltsverhandlungen vor.
Kurz: Wir machen Sie fit für den Job.
Hotline: 030 - 851 92 06

**berufsstrategie.de**
Hesse / Schrader
Oranienburger Straße 4-5
10178 Berlin
Tel 030 / 851 92 06
Fax 030 / 851 92 61

**berufsstrategie.de**
Hesse / Schrader
Bettinastr. 14-16
60325 Frankfurt am Main
Tel 069/ 7430 487 0
Fax 069/ 7430 487-9

**berufsstrategie.de**
Die Karrieremacher.